Champignons sur la lande

Frank Boreham

Writat

Cette édition parue en 2024

ISBN : 9789359945088

Publié par
Writat
email : info@writat.com

Contenu

EN MANIÈRE D'INTRODUCTION ....- 1 -

PARTIE I ....- 3 -

Je ....- 5 -

II ....- 10 -

III ....- 16 -

IV ....- 21 -

V ....- 26 -

VI ....- 32 -

VII ....- 37 -

VIII ....- 42 -

IX ....- 47 -

X ....- 53 -

PARTIE II ....- 59 -

Je ....- 61 -

II ....- 67 -

III ....- 72 -

IV ....- 77 -

V ....- 83 -

VI ....- 89 -

VII ....- 93 -

VIII ....- 98 -

PARTIE III ....- 105 -

Je ....- 107 -

II ....- 113 -

III ....- 119 -

IV ....- 124 -

V ....- 130 -

VI ....- 135 -

VII ....- 141 -

EN GUISE D'INTRODUCTION

J'ai permis aux Champignons de la Lande de jeter le glamour de leur nom sur tout le volume parce que, à certains égards, ils en sont les choses les plus typiques et les plus représentatives. Ils expriment si peu mais suggèrent tellement ! Quel plaisir nous avions, au temps du vieux lang syne, à parcourir les champs couverts de rosée à leur recherche ! Et pourtant, quelle petite part de notre plaisir les champignons eux-mêmes représentaient ! Nos joues rouges, nos appétits prodigieux et notre gaieté bruyante annonçaient des gains immensément supérieurs à tout ce que nos paniers auraient pu contenir. Quel contraste, par exemple, entre les champignons de la lande d'un côté et les champignons du marché de l'autre ! Quels souvenirs des douces matinées d'été ; l'air frais et parfumé ; le soleil diffus et brumeux ; l'éclat de la rosée sur les hautes touffes d'herbes ; les toiles d'araignées perlées et brillantes ; la course, pieds nus, à travers le vert scintillant ! Cela faisait partie de la romance sauvage de l'enfance. Et, dans les jours les plus difficiles qui ont suivi ces formidables ébats, nous avons appris que la vie est pleine de choses tout aussi suggestives. En jetant un regard rétrospectif sur les années qui sont derrière moi, je constate qu'elles ont été réparties presque également entre deux hémisphères. Mais j'ai découvert que, sous n'importe quelle étoile,

Il y a une partie du soleil dans une pomme ;
Il y a une partie de la lune dans une rose ; Il y a une partie des Pléiades enflammées Dans chaque feuille qui pousse.

Et je considérerai ce livre comme un échec si certaines des idées que j'ai essayé de suggérer s'avèrent converger de manière certaine vers cette conclusion.

FRANC W. BOREHAM.

HOBART, TASMANIE, JUIN 1915.

PARTIE I

je

UNE TRANCHE D'INFINI

je

En réalité, alors que je suis assis ici dans ce bureau tranquille et que je regarde les livres sur les étagères, je peux à peine m'empêcher de rire du plaisir que nous avons eu ensemble. Et penser à la manière dont ils sont entrés en ma possession ! Cela ressemble à un conte de fées ou à un chapitre de romance. Si un homme veut passer une heure ou deux aussi délicieusement qu'il est possible de la passer, qu'il invite à son coin du feu un vieil ami estimé, le compagnon de bien des ébats et le partage de bien des chagrins ; qu'il place son vieux camarade là, à la place d'honneur, de l'autre côté du foyer, et qu'il les laisse ensuite causer. « Tu te souviens, Tom, de la façon dont nous nous sommes rencontrés pour la première fois ? » « Ma parole, oui ! Vais-je un jour l'oublier ? Et Tom se frappe le genou à ce souvenir, et ils profitent d'un long et bon rire ensemble. Ce n'est pas que les circonstances dans lesquelles ils se sont rencontrés aient été si ridicules ou dramatiques ; c'est qu'ils étaient si banals. Il semble, en regardant en arrière, que c'est le hasard le plus étrange au monde qui les a réunis pour la première fois, le plus simple caprice du hasard, le plus véritable caprice des circonstances ; et pourtant comme toute vie a pris sa couleur et tiré son enrichissement de cette rencontre fortuite ! Ils pénétrèrent par hasard dans le même compartiment d'un train ; ou bien ils s'asseyaient l'un à côté de l'autre dans le tramway ; ou bien ils rentraient ensemble à pied après une réunion politique ; ou ils se sont surpris en train d'admirer la même rose lors d'une exposition florale. Ni l'un ni l'autre ne cherchaient l'autre ; ni l'un ni l'autre n'éprouvaient le moindre désir pour l'autre ; ni l'un ni l'autre ne connaissait, jusqu'à ce moment, l'existence de l'autre ; et pourtant, ça y est ! Ils se sont rencontrés; et de cette rencontre apparemment accidentelle est née une amitié que de nombreux changements ne peuvent changer, et un amour que de nombreuses eaux ne peuvent éteindre. L'un ou l'autre traverserait aujourd'hui tous les continents et océans du monde pour trouver l'autre ; mais comme ils se souviennent de la façon dont ils se sont rencontrés pour la première fois, cela semble trop étrange pour être crédible. Et ils s'allongent dans leurs fauteuils et rient à nouveau.

II

C'est pourquoi je ris de mes livres. Un jour, j'ai l'intention d'en dresser une liste et de les diviser en classes. Dans une classe, je mettrai les livres que j'ai achetés autrefois, parce qu'on m'a fait comprendre que c'était le bon type de livres à avoir. Tout le monde en avait ; et mes étagères ne seraient donc guère décentes sans eux. Je les ai donc achetés et ils sont depuis lors sur les étagères. Autant que je sache, ils n'ont fait le moindre mal à personne au cours de leur longue vie tranquille. En effet, ils ont donné à l'établissement un tel air de gravité et une telle odeur de sainteté qu'ils ont dû avoir un effet stabilisant sur leurs compagnons moins sombres. Mais ce n'est pas devant ces volumes formidables que je ris. Je n'oserais. Je les regarde avec une crainte révérencieuse et j'en ai plus qu'à moitié peur. Et puis, il y a d'autres livres que j'ai achetés parce que je sentais que j'en avais besoin. Et c'est ce que j'ai fait, peut-être plus que je ne l'avais deviné lorsque je les ai ramenés fièrement à la maison. Des moments glorieux que j'ai vécus avec eux. Je les regarde avec gratitude et amour. Ce n'est pas de cela que je ris. Mais il y en a d'autres, de vieux amis de confiance, qui sont entrés dans ma vie de la manière la plus étrange possible. Je ne veux pas dire que je les ai volés. Je veux dire plutôt qu'ils m'ont volé. Ils semblaient se jeter sur moi, et avant que je sache ce qui s'était passé, je leur appartenais : je ne les cherchais certainement pas. Dans certains cas, je n'ai entendu parler de leur existence qu'après qu'ils soient devenus les miens. Depuis, ils se sont révélés d'une valeur inestimable et je peux difficilement revoir notre longue compagnie sans émotion. Pourtant, lorsque je les regarde et que je me souviens de la manière fantaisiste dont nous nous sommes rencontrés pour la première fois, je peux à peine retenir mon rire.

III

C'était comme ça. Il y a des années, je suis allé à une vente aux enchères. Une bibliothèque était soumise au marteau. Les livres étaient tous rangés en lots. Le travail avait manifestement été réalisé par quelqu'un qui en savait autant sur les livres qu'un Hottentot en sait sur les icebergs. John Bunyan était étroitement lié à Nat Gould et Thomas Carlyle était fermement lié à Charles Garvice. J'ai regardé autour de moi; J'ai noté les numéros des lots contenant les livres que je voulais et j'ai attendu que le commissaire-priseur se mette au travail. Au fil du temps, je suis devenu acheteur d'une demi-douzaine de lots. J'avais acheté six livres que je voulais et trente que je ne voulais pas. Maintenant, la question s'est posée : que dois-je faire de ces trente abandonnés et errants ? Je les ai regardés et j'ai eu pitié d'eux. Beaucoup d'entre eux traitaient de sujets auxquels je ne m'étais jamais intéressé le moins du monde. Mais en étaient-ils responsables ? ou l'étais-je ? Je vis tout de suite que la faute en était entièrement à moi, et que ces volumes inoffensifs n'avaient absolument aucune raison d'avoir honte. J'ai juré de tout lire, et je l'ai fait. D'un ou deux d'entre eux, je n'ai tiré, à ma connaissance, aucun profit. Mais c'étaient des exceptions. Certains de ces volumes ont fait les délices de ma vie pendant tous les jours de mon pèlerinage. Et tandis que je les regarde avec tendresse, alors qu'ils se tiennent devant moi à leur place très familière, je les salue comme les deux vieux camarades se saluaient à travers la pierre du foyer. Mais je ne peux m'empêcher de rire de la manière étrange de notre première connaissance. C'est ainsi que j'ai appris l'une des leçons les plus précieuses que l'expérience m'ait jamais apprise. C'est parfois une bonne chose de goûter à l'infini.

IV

Quand j'étais petit, je redoutais le policier ; en grandissant, j'ai eu peur du libraire. Et au fil des années, je constate que ma peur du policier s'est complètement évaporée, mais ma peur du libraire grandit en moi. Quand j'étais enfant, j'avais l' idée qu'un jour un policier, se trompant sur mon identité, m'attraperait et me jetterait dans un horrible petit cachot, où je pourrais languir pendant de longues journées. Mais depuis que je suis grand, j'ai découvert que seuls les libraires font ce genre de choses. Et dans son cas, il le fait délibérément et avec malveillance. Il ne s'agit pas d'une erreur d'identité ; il sait qui vous êtes et il sait que vous êtes innocent. Mais son donjon est prêt. Le libraire est une personne très dangereuse, et chaque membre de la communauté doit se méfier de ses flatteries. Ce n'est pas qu'il vous vende trop de livres. Il ne vous en vendra probablement pas la moitié de ce qui est bon pour vous. Mais il vous vendra les mauvais livres. Il vous vendra les livres dont vous avez le moins besoin et gardera sur ses propres étagères le pabulum intellectuel dont votre âme meurt de faim. Et tout cela dans le but de vous faire entrer enfin dans son misérable petit cachot. Voyez comment il s'y prend. Un de vos amis part aux Antilles. Vous réalisez soudain que vous savez très peu de choses sur cette merveilleuse région. Vous vous rendez chez votre libraire et demandez les derniers ouvrages fiables sur les Antilles. Vous l'achetez, et lui, le coquin, en prend note mentalement. La prochaine fois que vous entrerez dans le magasin, il vous attaquera comme un éclair.

'Bon après-midi monsieur. Vous vous intéressez particulièrement, je le sais, aux Antilles. Nous avons quelque chose de très beau qui sort maintenant sous forme de parties mensuelles. . .'

Et ainsi de suite. Le fait qu'il vous attribue un intérêt particulier pour les Antilles n'est pas une vaine flatterie. Le livre que vous avez acheté lors de votre première visite vous a charmé et vous êtes profondément et sincèrement intéressé par ces îles fascinantes. Vous commandez les parties mensuelles et les intérêts augmentent. Le libraire fait la chose si sournoisement qu'on ne s'aperçoit pas qu'il vous enferme aux Antilles. Il fait sobrement ce que le policier a fait dans son imagination enfantine. Il nous conduit dans une impasse et, à moins que nous ne soyons très prudents, il nous fera mettre au berceau, dans une cabane et enfermés avant que nous sachions où nous sommes.

V

C'est mon expérience en salle des ventes qui m'a sauvé. Quand j'ai lu tous ces livres que je n'aurais jamais dû acheter si j'avais pu m'en empêcher, j'ai découvert la folie d'acheter des livres qui vous intéressent. Si un livre m'attire à première vue, c'est probablement parce que je connais bien le sujet dont il traite. Mais, par contre, voyez combien il y a de sujets dont je ne connais rien du tout ! Et regardez tous ces livres qui n'ont aucun attrait pour moi ! Et dites-moi ceci : pourquoi ne me plaisent-ils pas ? Une seule réponse est possible. Ils ne m'attirent pas parce que je suis terriblement, tristement et coupablement ignorant des sujets dont ils traitent. Si donc mon libraire s'approche de moi, avec un joli nouveau livre sous le bras, et me fait remarquer d'un air câlin qu'il sait que je m'intéresse à l'histoire, je lui demande toujours de bien vouloir me montrer les derniers travaux sur la psychologie. S'il me rappelle mon penchant pour l'astronomie, je lui demande un manuel de botanique. S'il parle de ma prédilection pour l'agriculture, je demande s'il y a quelque chose de nouveau dans la voie de la poésie ; et s'il fait poliment allusion à mon faible pour les Antilles, je lui demande de m'apporter quelque chose traitant de la Laponie. Il faut à tout prix contourner, vaincre et écraser le libraire. Il est trop malin pour nous enfermer dans sa petite cellule étroite. Si un homme veut sentir que le monde est vaste et qu'il fait bon vivre, il doit goûter à l'infini pour toujours et à jamais. Il doit éviter les livres qu'il désire ardemment acheter, et acheter les livres qu'il ferait tout pour éviter.

VI

Oui, j'ai acheté ce jour-là trente-six livres aux enchères ; six que je voulais et trente que je ne voulais pas. Et certains de ces trente volumes sont depuis lors les charmeurs de ma solitude et les classiques de mon âme. Je ne conseille à personne de se précipiter au marché aux enchères le plus proche et de répéter mon expérience. Il ne faut pas jouer avec la vie. L'infini doit être échantillonné intelligemment. Mais si un homme veut rester en vie dans un monde comme celui-ci, il doit goûter à l'infini. Comme un chien sur une route de campagne, je dois fouiller dans autant de trous que possible. Si j'aime naturellement la musique, je ferais mieux d'étudier les mines. Si j'aime peindre, je ferais bien de me lancer dans le jardinage. Si je me vante du bord de mer, je dois me faire un devoir d'escalader les montagnes et de parcourir la brousse. Si je suis attaché aux choses qui se trouvent sous mon nez, je dois faire attention à lire des livres traitant de contrées lointaines. Si je suis profondément intéressé par les affaires contemporaines, je dois immédiatement lire les archives d'il y a longtemps et explorer les annales du passé splendide. Je dois être fidèle à mes vieux amis, mais je dois apprendre à connaître de nouvelles personnes et bien les connaître. Si je défends une opinion, je dois soigneusement cultiver la connaissance d'hommes qui soutiennent l'opinion opposée et enquêter sur les recoins cachés de leur esprit avec une diligence scientifique et minutieuse. Par-dessus tout, je dois constamment goûter à l'infini en matière de foi. Si je constate que les épîtres acquièrent une influence dominante sur mon esprit, je dois immédiatement me mettre à la recherche des prophètes. Si je trouve une phase particulière de la vérité qui m'attire puissamment, je dois, sans l'éviter, accorder une attention croissante à tous les autres aspects. « Le Seigneur a encore plus de vérité à extraire de sa Parole ! dit John Robinson ; et je dois essayer de le trouver. M. Goodman est un homme splendide ; mais il est tombé un jour amoureux d'une petite vérité solitaire, et maintenant il ne pense plus, ne lit ni ne prêche aucune autre. Ce serait son salut, et celui de son peuple, s'il entreprenait de gravir les sommets qui n'ont aucun attrait pour lui. Il découvrirait, en se tenant sur leurs sommets ensoleillés, qu'eux aussi font partie du grand monde de Dieu. Il passerait un moment inoubliable s'il commençait seulement à goûter à l'infini. Son peuple a l'habitude de le voir de temps en temps dans des vêtements neufs. S'il commence aujourd'hui à goûter à l'infini, ils éprouveront la semaine prochaine une sensation nouvelle. Ils verront le même costume avec un nouvel homme à l'intérieur.

II

VÊTEMENTS DE CONFECTION

Carlyle, comme tout le monde le sait, a écrit une fois une Philosophie du vêtement et l'a appelée *Sartor Resartus* . Il a fait son travail avec tant de minutie, d'exhaustivité et de qualité que, depuis ce jour, personne d'autre ne s'est soucié d'aborder ce thème. Il est cependant grand temps de souligner qu'il n'essaie pas d'aborder un aspect important de son formidable sujet. Il aurait sûrement dû y avoir un chapitre sur les vêtements confectionnés !

Je suis surpris qu'Henry Drummond n'ait jamais attiré l'attention sur cette omission flagrante, car, si Drummond détestait une chose plus qu'une autre, il détestait et détestait les vêtements de confection. Ils étaient son animal de compagnie en aversion. Les vêtements confectionnés, disait-il, étaient des choses qui étaient faites pour aller à tout le monde, et qui ne convenaient à personne. Les hommes ne sont pas fabriqués par des machines et en tailles ; et il s'ensuit naturellement que les vêtements ainsi confectionnés ne conviendront pas aux hommes. L'homme qui est la copie exacte du modèle du tailleur n'est pas encore né. Comment l'omission de Carlyle a-t-elle échappé à la censure de Drummond, je ne peux pas l'imaginer. Il est vrai que Drummond n'était pas particulièrement attiré par Carlyle ; il préférait Emerson. Je suis certain que si Drummond avait lu attentivement *Sartor Resartus* , *il aurait révélé la divergence, et Carlyle doit donc être félicité pour son évasion très serrée.*

La haine de Drummond pour le prêt-à-porter est ce qui est essentiel chez lui. Il se trouve que je faisais une conférence sur Drummond l'autre soir et j'ai cru de mon devoir de souligner que Drummond prendrait sa place dans l'histoire, non pas comme scientifique, ni comme évangéliste, ni comme voyageur, ni comme auteur, mais comme l'agresseur intransigeant et acharné du prêt-à-porter. Si vous ne comprenez pas cela, vous ne le comprendrez jamais. Il dédaignait toutes les affectations et toutes les imitations. Il n'adopterait aucun style vestimentaire simplement parce que c'était habituel dans certaines conditions. « Il était », comme le remarque un témoin oculaire de son ordination, « le dernier homme que l'on pouvait classer selon le canon vestimentaire de la femme. Et pourtant sa tenue était une merveille d'adaptation au rôle qu'il jouait. Le jour de son ordination, alors que la plupart des hommes revêtent un costume sévèrement clérical, il était habillé comme un hobereau de campagne, proclamant ainsi aux pères et aux frères, et au monde entier, qu'il n'allait pas permettre que l'ordination fasse des ravages dans la carrière qu'il avait choisie. . Or, c'était typique, et c'est sa qualité typique qui est importante. Il ne s'agissait pas de s'habiller seul. Cela s'appliquait à la parole. Drummond n'affecterait aucun style de discours simplement parce qu'il était habituel sur certaines plates-formes ou dans certaines tribunes. Est-ce que ça lui allait ? Était-ce simple, naturel, facile, efficace ? Sinon, il ne l'utiliserait pas. Il n'adopterait pas non plus une procédure simplement parce qu'elle était habituelle et considérée comme correcte. Si pour lui cela avait l'air de porter des vêtements confectionnés, il n'en voudrait pas. Ici vous avez la clé de toute sa vie. Tout devait lui aller comme un gant, sinon il n'aurait rien à voir avec ça. Ses conférences scientifiques, ses discours d'évangélisation, ses entretiens personnels avec les étudiants, et même ses prières publiques, n'étaient calqués sur aucune norme réglementaire, sur aucun précédent établi ; ils étaient rédigés dans le langage et exprimés dans le style qui convenait le mieux à sa propre individualité charmante et magnétique.

Le professeur James, de Harvard, disait d'Henri Bergson, philosophe parisien, que sa parole s'adaptait à sa pensée comme ce sous-vêtement de soie élastique qui suit chaque mouvement de la peau. Drummond aurait considéré cela comme l'idéal. D'une manière générale, il était insensible aux critiques ; mais si vous lui aviez dit qu'une seule phrase sonnait creux, ou que telle expression avait un goût d'artifice, ou que même un geste ressemblait à de l'affectation, vous l'auriez poignardé au vif. C'était une grande question à son époque de savoir s'il était orthodoxe ou hétérodoxe. Drummond considérait toutes les normes de l'orthodoxie et de l'hétérodoxie comme autant de modèles de tailleurs. L'orthodoxie et l'hétérodoxie sont liées à la vérité, tout comme ces merveilleux supports en osier et bustes en plâtre qui ornent chaque établissement de couturière sont liés à la grâce et à la beauté de la forme féminine. Si vous aviez demandé à Drummond à quelle école de pensée il appartenait, il vous aurait répondu qu'il ne portait jamais de vêtements confectionnés.

Je tremble qu'un de ces jours, mes idées sur les vêtements confectionnés ne prennent les proportions d'un sermon et n'exigent d'être prononcées en chaire. Il n'y aura en tout cas aucune difficulté à leur fournir un texte. L'exemple classique du rejet méprisant des vêtements confectionnés était, bien entendu, le refus de David de porter l'armure de Saül. Il y a un monde de signification dans cette histoire du vieux monde. L'armure de Saül est une très belle chose — *pour Saül* ! Mais si David estime qu'il peut faire un meilleur travail avec une écharpe, alors, au nom de tout ce qui est raisonnable, donnez-lui une écharpe ! S'il doit combattre Goliath, pourquoi l'encombrer de vêtements tout faits ? J'ai commencé par dire que Carlyle avait omis de traiter, dans *Sartor Resartus*, de cette branche profonde de son sujet. Mais il en voyait l'importance pour autant. Dans son *Frédéric le Grand*, il nous raconte comment le père à la main de fer du jeune prince employa un érudit professeur d'université pour enseigner la théologie au garçon. Le médecin a administré à son jeune élève des credos et des catéchismes jusqu'à ce que son cerveau tourbillonne d'étiquettes et d'expressions dénuées de sens. Et en enregistrant l'histoire, Carlyle s'en prend au professeur sec comme poussière. « Au nom du ciel, s'écrie-t-il, n'apprends rien au garçon, ou bien apprends-lui quelque chose dont il saura, toute sa vie, être éternellement et incontestablement vrai !

Or, qu'est-ce que ce bel éclat de colère tonitruante, sinon une protestation catégorique contre l'usage du prêt-à-porter ? La foi d'un homme devrait lui aller comme les vêtements pour lesquels il a été le plus soigneusement mesuré, sinon comme la soie élastique à laquelle fait référence le professeur de Harvard. Un homme pourrait aussi bien essayer de porter les vêtements de son père que de porter la foi de son père. Cela ne lui conviendra jamais vraiment. Il y a une grande expression vers la fin de la brève épître de Jude qui me semble toujours très frappante. « Mais vous, bien-aimés, dit l'écrivain, bâtissez-vous sur votre très sainte foi. C'est la seule manière satisfaisante de construire : construire sur son propre terrain. Si je construis ma maison sur le terrain d'un autre homme, cela causera sûrement des problèmes tôt ou tard. Construisez votre propre caractère sur votre propre foi, dit l'apôtre ; et cette injonction est pleine de bon sens. Il vaut mieux pour moi construire une petite maison très modeste sur un petit terrain qui m'appartient réellement plutôt que de construire un palais sur le sol de quelqu'un d'autre. Il vaut mieux pour moi bâtir mon caractère, peut-être sans prétention, sur ma propre foi, que d'ériger une structure beaucoup plus imposante sur la croyance d'un autre homme. Telle est la philosophie du prêt-à-porter, déguisée sous un léger changement de métaphore.

J'ai entendu dire que certaines personnes passent leur temps à l'église à inspecter les vêtements des autres. Si tel est le cas, ils doivent être profondément impressionnés par l'étonnante proportion d'inadaptés. Les âmes de milliers de personnes sont évidemment vêtues de vêtements confectionnés. Voici l'esprit d'une jeune fille brillante parée de tout le contenu de la garde-robe spirituelle de sa grand-mère. Les vêtements allaient parfaitement à la grand-mère ; la vieille dame y était charmante ; mais la petite-fille a l'air ridicule. Une fois, j'étais à une réunion de témoignage. Ce qui m'a le plus impressionné, c'est la répétition continuelle de certaines phrases. Orateur après orateur, les changements se sont succédé sur les mêmes expressions stéréotypées. Je vis tout de suite que j'étais tombé parmi un peuple amateur de vêtements confectionnés.

La chose prend des formes encore plus répréhensibles. Ceux qui aiment à moitié autant que moi Mark Rutherford se souviendront déjà de Frank Palmer dans *Clara Hopgood* . « Il acceptait volontiers, nous dit-on, les conclusions de tous les ménages sur la religion et la politique, mais elles n'étaient pas vraiment les siennes, car il les acceptait simplement comme conclusions et sans prémisses, et il était même souvent un peu ennuyeux de l'entendre exprimer une certaine opinion libre sur les questions religieuses d'une manière qui montrait qu'il ne s'agissait pas d'une croissance, mais d'une reprise. Tous ceux qui ont lu cette histoire se souviennent de la tragédie morale qui a suivi. À quoi d'autre pouvait-on s'attendre ? Il y a toujours des problèmes si un homme construit sa maison sur le terrain d'un autre. Les âmes des hommes n'ont jamais été censées être habillées de vêtements confectionnés. Quelqu'un a dit avec justesse que la Vérité doit renaître dans le silence secret de chaque vie individuelle.

D'ailleurs, la philosophie du prêt-à-porter s'applique autant à l'incrédulité qu'à la foi. De temps en temps, on rencontre un esprit distrait par un véritable doute, et il est rafraîchissant et stimulant de s'attaquer à ses problèmes. On respecte celui qui doute parce que le doute lui va comme la soie élastique ; cela semble faire partie intégrante de sa personnalité. Mais à d'autres moments, on peut voir d'un coup d'œil que l'incrédule est tout habillé dans des vêtements confectionnés et, comme un oiseau aux plumes empruntées, il en est excessivement fier. Voici les mêmes vieilles questions, posées de la même manière, et avec une certaine effronterie qui ne connaît ni l'angoisse intérieure ni même la profonde sincérité. On a l'impression que son visiteur a vu cette tenue mentale criarde exposée à bas prix au coin de la rue et l'a immédiatement récupérée afin de vous impressionner par le spectacle magnifique. Combien de fois aussi a-t-on l'impression que l'audace du conférencier infidèle ou la désinvolture du débatteur sceptique ne sont qu'une question de vêtements tout faits. L'horrible grandeur des sujets qu'ils traitent ne les a évidemment jamais séduits. Ils ne font que faire écho à des arguties vieilles comme le monde ; ils portent des vêtements qui auraient pu convenir à Hobbes, Paine ou Voltaire, mais qui n'ont certainement pas été faits pour s'adapter à leur plus maigre stature. Le doute est une chose très humaine et très sacrée, mais le doute simplement assumé est, de toutes les affectations, la plus répugnante.

Si un lecteur méfiant pense que je surestime le danger du port de vêtements de confection, je n'ai qu'à lui rappeler que même des humains aussi gigantesques que James Chalmers, de Nouvelle-Guinée, et Robert Louis Stevenson craignaient que les vêtements de confection ne se dressent encore entre eux. l'Église et sa conquête du monde. Certains missionnaires ont insisté pour que les indigènes de Nouvelle-Guinée portent les costumes de la vieille Angleterre, mais Chalmers a protesté, et il a protesté vigoureusement. «Je suis contre», s'est-il exclamé. « Mon expérience est que vêtir les indigènes est presque aussi mauvais que d'introduire des esprits parmi eux. Partout où l'habillement a été introduit, les indigènes disparaissent devant diverses maladies, notamment la phtisie, et je suis pleinement convaincu qu'il en sera de même en Nouvelle-Guinée. Notre civilisation, quelle qu'elle soit, n'est pas adaptée à leur situation actuelle, et aucune tentative ne devrait être faite pour la leur imposer.

Robert Louis Stevenson était tout à fait d'accord avec cela. Personne qui le connaît ne soupçonnera Stevenson de manque de bravoure, mais il a toujours observé l'arrivée de la femme du missionnaire avec une certaine appréhension. « Le missionnaire marié, dit Stevenson, peut offrir à l'indigène ce dont il a tant besoin : une image plus élevée de la vie domestique ; mais la femme aux côtés du missionnaire tend à le maintenir en contact avec l'Europe et hors de contact avec la Polynésie, et menace de perpétuer, et même d'enraciner, des décences paroissiales qu'il vaut mieux oublier. L'esprit de la missionnaire a tendance à être continuellement occupé par sa tenue vestimentaire. On peut lui apprendre, avec d'extrêmes difficultés, à trouver convenable tout costume autre que celui auquel elle s'est habituée à Clapham Common ; et pour satisfaire ses préjugés, l'indigène est engagé dans des dépenses inutiles, son esprit est entaché des morbidités de l'Europe et sa santé est mise en danger. On se souvient de la fierté avec laquelle le pauvre John Williams, missionnaire martyr d'Erromanga, voyait l'introduction du bonnet chez les femmes de Raratonga ; mais ce n'était pas après tout le plus grand de ses triomphes. Les bonnets ont disparu depuis longtemps, mais l'influence parfumée de John Williams demeure perpétuellement. Nous oublions parfois que nos pantalons en tweed immaculés et nos jupes et chemisiers délicats ne font pas partie intégrante de l'Évangile chrétien. En fait, cet Évangile a été révélé pour la première fois à un peuple qui ne connaissait rien de tels atours. On n'accélère pas nécessairement le millénaire en introduisant parmi des races incultes un carnaval de vêtements confectionnés.

Et il est tout aussi certain que l'on ne rapproche pas l'âme de son but le plus élevé en lui imposant une mode pour laquelle elle n'est absolument pas adaptée. Et là, je reviens à Drummond. Au cours de sa dernière maladie à Tunbridge Wells, il remarqua qu'à l'âge de douze ans, il avait étudié consciencieusement la *Voie divine de paix de Bonar* . « Je crains, dit-il, que ce livre ne m'ait fait plus de mal que de bien. J'ai essayé de forcer mon expérience intérieure dans le moule représenté par ce livre, et c'était impossible. Lors d'une des réunions ultérieures de Moody's à Londres, Drummond avait affaire à une jeune fille qui cherchait sincèrement le Sauveur. Finalement, il la surprit en s'exclamant : « Vous devez arrêter de lire l'*Anxious Enquirer de James* . Elle se demanda comment il avait deviné qu'elle l'avait lu ; mais il avait détecté dans sa conversation qu'elle commettait sa propre erreur antérieure. Elle essayait de penser comme John Angell James pensait, de pleurer comme il pleurait, et de trouver son chemin vers la foi exactement comme il avait trouvé la sienne. Drummond lui a dit de ne lire que le Nouveau Testament, et, dit-il plus tard : « Quinze jours de cela l'ont remise sur pied !

Là réside tout le secret. Nos âmes ne se ressemblent pas plus que nos corps ; ils ne sont pas fabriqués dans un moule et produits par millions. Il n'y en a pas deux identiques. Les vêtements confectionnés ne vous iront jamais exactement. Bonar et James, Bunyan et Law, Doddridge et Wesley, Müller et Spurgeon, peuvent m'aider incroyablement. Ils peuvent m'aider en me montrant comment, chacun pour soi, ils ont trouvé leur chemin vers la présence de l'Éternel et, comme Christian au Palais Magnifique, ont été vêtus et armés pour le pèlerinage. Mais s'ils m'amènent à supposer que je dois éprouver leurs sensations, jouir de leurs exaltations, traverser leurs dépressions, lutter, rire, pleurer et chanter comme eux, ils m'ont fait un grave préjudice. Ils m'ont éloigné de ces chambres secrètes où le roi pare l'âme de vêtements beaux et avenants, et ils m'ont laissé simple porteur d'habits confectionnés.

III

L'OR CACHÉ

Je profitais des plaisirs très modestes mais très satisfaisants d'une promenade en tramway lorsque l'aventure suivante m'est arrivée. C'était une journée d'hiver claire et ensoleillée ; le paysage de chaque côté était extrêmement délicieux ; et je réfléchissais à la circonstance qu'on pouvait obtenir tant de félicité en échange d'une si petite dépense. Mais mon admiration pour les montagnes, les rivières et la brousse fut brusquement et brutalement interrompue. Une autre passagère a rapporté que, depuis son entrée dans la voiture, trois souverains avaient été extraits de son sac à main. Elle les avait en sa possession lorsqu'elle montait dans la voiture, elle le savait avec certitude, car elle se souvenait les avoir vus lorsqu'elle ouvrait le sac à main pour payer son billet. Elle avait sorti les deux sous, inséré le billet à leur place et remis le sac dans son sac à main, qui reposait sur le siège à côté d'elle. L'inspecteur était maintenant monté à bord de la voiture ; elle avait ouvert sa bourse pour en sortir le billet, et voilà, l'or avait disparu ! C'était une situation des plus embarrassantes. Je spéculais tristement sur la façon dont je devrais à nouveau faire face à ma congrégation après avoir été assombri par un soupçon aussi sombre. Alors, aussi brusquement qu'il était apparu, le mystère s'éclaircit joyeusement. Avec les plus grandes excuses, la dame expliqua que c'était son anniversaire ; sa fille lui avait offert ce matin-là une nouvelle bourse ; les compartiments de ce réceptacle étaient plus élaborés et plus ingénieux qu'elle ne l'avait remarqué ; et elle avait trouvé les souverains reposant dans un partage de la bourse qui avait échappé à son observation précédente. Il n'y avait plus rien à dire. Nous avons souhaité à la pauvre âme troublée de nombreux retours heureux de la journée ; elle a laissé la voiture au coin suivant ; et je m'abandonnai une fois de plus aux charmes du paysage.

Or, ce genre de chose est très courant. Nous pensons continuellement qu'on nous a volé les choses précieuses que nous possédons encore. La vieille dame qui cherche partout les lunettes qui ornent ses tempes ; l'employé qui fouille le bureau à la recherche du stylo derrière son oreille ; et le garçon qui accuse son frère du vol du canif qui se cache dans les profondeurs mystérieuses de sa propre poche effrayante et merveilleuse, voilà chacun d'eux typique de beaucoup de choses.

Il m'est arrivé l'autre soir de me promener dans une salle où une certaine société de débat tenait sa réunion hebdomadaire. Le document à l'origine de la discussion avait été lu avant mon arrivée. Mais j'ai compris des remarques des orateurs qu'il s'agissait d'un sujet scientifique et que des questions d'antiquité, de géologie et d'évolution étaient impliquées. À la manière des sociétés de débat, l'univers tout entier fut rapidement soumis à une refonte complète. S'il faut dire la vérité, je crains de devoir avouer avoir oublié les affirmations éloquentes des différents orateurs ; mais du brouhaha de ce conflit verbeux, un énoncé me revient. Cela m'a séduit à l'époque parce que c'était très curieux, très pathétique et très frappant. Cela m'a laissé une impression indélébile. Un grand jeune homme se leva et, dans le discours le plus court du débat, apporta à la discussion la seule touche de sentiment réel qui l'éclairait. Je ne sais pas ce qui avait touché une corde sensible dans son âme et fait vibrer tout cela. Il est merveilleux de voir comment un son, une vue ou une odeur parasite peut parfois évoquer dans l'esprit une vague de souvenirs sacrés. Après une ou deux platitudes préliminaires, cet orateur a soudainement évoqué le lien entre la science et la foi. Ses yeux brillaient d'une émotion manifeste ; tout son être prenait le ton d'un homme mortellement sérieux ; sa voix tremblait d'émotion. En une phrase frappante, il décrivit graphiquement son vieux grand-père alors que le vieil homme mettait ses lunettes et lisait dévotement - sa foi sans l'ombre de tout doute - son chapitre du matin de la Bible à gros caractères usée. Et puis, avec un ton de passion si authentique qu'il me faisait penser au cri d'un être souffrant, il s'écria : « Et, messieurs, je donnerais mes deux mains, et je les donnerais volontiers, si je pouvais croire comme mon mon vieux grand-père a cru ! Il s'est immédiatement assis. Un ou deux membres ont toussé. Je voyais sur les visages des autres qu'ils avaient tous le sentiment que le débat dépassait les limites. Le monde était vaste et le système solaire assez étendu ; mais cet orateur avait erré au-delà des frontières les plus reculées de l'univers. Et pourtant, pour moi, la parole qu'ils venaient d'entendre était le discours de la soirée, le seul discours dont on se souvienne : « *Messieurs, je donnerais mes deux mains, et je les donnerais volontiers, si je pouvais croire comme mon grand-père croyait !*'

Maintenant, c'était très pathétique, cette paire d'yeux avides se tourna soudainement vers l'intérieur ; cette découverte d'une âme vide ; cette comparaison avec le trésor doré de son grand-père ; et ce pitoyable aveu de pauvreté abjecte. J'ai eu pitié de lui, tout comme j'ai eu pitié de la dame dans le tramway. La dame du tramway a regardé dans un sac à main qu'elle croyait vide et a subi toute l'angoisse d'une grande perte. Le jeune homme de la société de débat a regardé dans les recoins de son propre esprit et s'est écrié qu'il n'y avait rien là-bas. Et tout cela n'était qu'une erreur — dans les deux cas. Après tout, les souverains étaient dans la bourse. Et après tout, la foi était dans l'âme apparemment vide. Mais aucune des victimes ne savait qu'elle possédait ce qu'elle déplorait. Ils étaient tous deux exactement comme la vieille dame avec les lunettes sur les tempes, comme l'employé avec sa plume derrière l'oreille, comme le garçon avec le canif dans la poche. Dans le cas de la dame dans la voiture, la similitude est assez claire. J'aspire à montrer que l'analogie s'applique tout aussi sûrement au jeune homme et à sa foi. Et à cette fin, permettez-moi de soulever une nuée de questions, car un chien pourrait lancer une bande d'oiseaux.

Pourquoi ce jeune homme soupire-t-il après la foi de son grand-père ? La foi de son grand-père était-elle une vraie ou une fausse foi ? Si la foi de son grand-père était une fausse foi, pourquoi lui-même la convoite-t-il avec tant de passion ? Le fait même qu'il désire si ardemment la foi de son grand-père comme sa propre foi ne prouve-t-il pas qu'il est certain que la foi de son grand-père était vraie ? Et si, au plus profond de lui-même, il sent que la foi de son grand-père était vraie, ne s'ensuit-il pas qu'il a déjà apposé son sceau sur la foi de son grand-père ? Ne prouve-t-il pas de la manière la plus concluante, par ses yeux brillants, ses manières ferventes et sa voix tremblante, qu'il croit le plus fermement à la foi de son grand-père ? Et si tel est le cas, ne s'agit-il pas encore d'une affaire de dame dans le tramway ? Ne crie-t-il pas que son âme est vide, tandis que, dans un recoin secret et inexploré de cette même âme, repose la foi même pour laquelle il pleure ?

Quand j'étais un tout petit garçon, je croyais à l'Homme sur la Lune ; Je croyais au Père Noël ; Je croyais en la vieille Mère Hubbard ; Je croyais à la Fée Marraine ; Je croyais aux fantômes, aux brownies, aux sorcières et aux trolls. C'était un credo merveilleux, ce credo de mon enfance. C'est parti maintenant, et c'est resté sans pleurs ni chanté. Je ne me surprends jamais à dire que je donnerais mes deux mains, et les donnerais joyeusement, si je pouvais à nouveau croire en ces choses. Cette foi puérile était une fausse foi ; et parce que je sais maintenant que c'était fictif, j'en souris aujourd'hui et je ne rêve jamais de souhaiter encore croire à l'Homme sur la Lune. Et quand, au contraire, je surprends un homme disant, les yeux mouillés, qu'il donnerait ses deux mains, et les donnerait joyeusement, s'il pouvait croire comme son grand-père, je vois devant moi une preuve indubitable du fait que, tout inconsciemment, grand-père et petit-fils ont tous deux souscrit avec ferveur à la même foi majestueuse.

Mais, pour nous épargner le péché de prosperité, laissons-nous aller à une petite romance. Harry et Edith sont amants ; mais hier soir, au cours d'une promenade au bord de la mer, un nuage sombre a balayé la tranquillité dorée de leur enchantement. Ils se séparèrent longuement, pas comme ils le font habituellement. Lorsque la pauvre petite Edith, ébouriffée, atteignit sa jolie chambre, elle se jeta dans une tempête de larmes sur la couverture enneigée et sanglota encore et encore : « Je donnerais n'importe quoi si je pouvais l'aimer comme je l'ai aimé hier ! Et pendant ce temps-là, Harry, le visage blanc et sans larmes, et l'âme dans un tumulte d'agitation, est allongé sur sa chaise devant le feu, les mains dans les poches, se répétant sans cesse : « Je donnerais n'importe quoi. si je pouvais l'aimer comme je l'ai aimée hier ! Voici maintenant deux spécimens fascinants pour l'analyse psychologique ! Pourquoi Edith est-elle si désireuse d'aimer Harry comme elle l'aimait hier ? Pourquoi Harry est-il si désireux d'aimer Edith comme il l'aimait hier ? Vous ne désirez pas passionnément aimer une personne que vous n'aimez pas. Le secret est dévoilé ! Edith sanglote : "Je donnerais n'importe quoi pour aimer Harry comme je l'ai aimé hier !" parce que, étant la petite oie idiote qu'elle est, elle ne reconnaît pas qu'elle aime Harry comme elle l'aimait hier. Et Harry, logique en tout sauf en amour, ne voit pas, alors qu'il reste assis là à marmonner, que son anxiété même d'aimer Edith comme il l'aimait hier est la meilleure preuve qu'il puisse avoir que son amour pour Edith n'a subi aucune épreuve. changement. Chacun regarde dans une bourse qui semble vide ; chacun réclame l'or qui semble avoir disparu ; et chacun ignore le fait que sa richesse est toujours avec lui, mais échappe un instant à son examen agité.

La philosophie que m'a révélée la nouvelle bourse est capable d'une infinité d'applications. Le fait est que la foi est toujours une dimension inconnue. Un homme peut savoir combien d'enfants il a et combien d'argent il a ; mais personne ne sait combien de foi il a. Tous ceux qui ont lu *l'Histoire de Frédéric le Grand, de Carlyle* , se souviennent des petites querelles de Voltaire, de Maupertius et des autres penseurs qui s'intéressaient à la personne de ce prince célèbre. Ils semblaient s'être toujours plaisantés à propos de leur maladie et, malgré leur philosophie, avoir envoyé chercher un prêtre pour exercer leur ministère à côté de leur prétendu lit de mort. J'ai entendu des sceptiques et des infidèles accusés d'hypocrisie au motif que, face à une terreur soudaine, ils étaient connus pour invoquer ce Dieu dont ils niaient l'existence même. Je dois dire que je ne pense pas que les preuves soient suffisantes pour étayer l'accusation. Il n'y a pas eu d'hypocrisie, mais la découverte soudaine d'une foi insoupçonnée. Dans le tumulte d'émotion provoqué par une peur soudaine, un compartiment secret de l'âme s'est ouvert, et la foi considérée comme perdue y reposait tranquillement.

Peut-être était-ce aussi bien que la dame du tramway vive cette expérience embarrassante. C'était bien pour elle d'avoir ressenti l'angoisse d'une perte imaginaire, car cela lui faisait découvrir que son sac à main était une chose plus compliquée qu'elle ne l'avait supposé. Cela fera beaucoup de bien à mon ami de la société de débat de faire la même découverte. L'âme n'est pas aussi simple qu'il y paraît. On ne peut pas appuyer sur un ressort à un instant donné et saisir tout son contenu d'un seul coup d'œil. Et c'était certainement une bonne chose pour ma compagne de voyage de découvrir que l'or était toujours là. Elle en avait besoin, sinon sa perte ne l'aurait pas plongée dans une telle fièvre. C'est ce qui me frappe chez mon ami le débatteur. Il avait évidemment besoin de la foi pour laquelle il pleurait avec tant de passion. La foi, comme l'or, est destinée à l'usage et non à l'ornement. Oui, il avait besoin de la foi qu'il ne trouvait pas ; il en avait peut-être plus cruellement besoin qu'il ne le pensait. Et maintenant que je lui ai prouvé que, dans quelque recoin secret, le trésor se cache encore, j'espère que, comme la dame dans la voiture, il sourira de son ancienne angoisse et vivra comme un seigneur de la richesse qu'il a acquise. a trouvé.

IV

« UNE TELLEMENT BELLE BOUCHE !

C'est une nuit d'hiver vive, claire et glaciale, et je suis assis ici dans une salle à manger joyeusement éclairée, à seulement quelques mètres d'un feu crépitant. Un gouffre immense se creuse parfois entre l'après-midi et le soir, et il semble à peine croyable qu'il y a à peine une heure ou deux, j'étais sur la rivière dans un bateau non ponté, en train de pêcher. C'était un après-midi ensoleillé et glorieux lorsque nous sommes partis ; les grandes collines alentour étaient les plus vertes ; et le seul rappel qui nous rappelait que demain serait le jour de l'hiver était l'éclat de la neige au sommet de la montagne. L'eau autour de nous, reflétant le ciel sans nuages, était une mer de saphir, d'où nos rames semblaient battre des perles et de l'argent. Arrivés sur nos lieux de pêche préférés, nous jetâmes tranquillement l'ancre, et pendant un moment le sport fut excellent. Mais, par la suite, les choses se sont calmées. Le poisson nous a abandonnés ou est devenu trop délicat pour nos plaisirs. Le soleil se couchait sur les crêtes massives. Un soupçon de soirée nous envahissait. Le bleu disparut de l'eau et le vert disparut des collines. Tout était gris et froid. Comme pour correspondre à l'obscurité qui nous entourait, nous sommes nous-mêmes devenus silencieux. La conversation languissait et les rires étaient morts. Nous avons relevé les cols de nos manteaux et nous sommes penchés d'un air sombre sur nos lignes. Mais la morue et la perche étaient à l'épreuve de toutes nos cajoleries et ne se laisseraient pas séduire. Finalement, mes mains devinrent si froides et si engourdies que je pouvais à peine sentir la ligne. Mon enthousiasme s'est effondré avec la température et j'ai proposé, non sans appréhension, d'y renoncer. Mes compagnons acquiescèrent à la proposition abstraite ; mais, avec cette demi-attente mélancolique si caractéristique des pêcheurs à la ligne, ils ne commencèrent pas immédiatement à remonter leurs lignes. J'étais donc sur le point de leur donner l'exemple quand l'un d'eux s'écria avec enthousiasme : « Attendez une seconde ; J'ai eu *une si belle bouchée* !' C'était tout; mais cela nous a donné une nouvelle vie. Pendant une demi-heure, nous oubliâmes le froid qui se durcissait et l'obscurité qui se faisait de plus en plus sombre, et nous discutâmes à nouveau aussi joyeusement que lorsque nous avions appâté nos hameçons pour la première fois. C'était une bouchée ; c'était tout. Mais, oh, le frisson d'une bouchée quand la patience faiblit et l'endurance diminue !

C'est à cause d'une certaine tendance cynique à ridiculiser la valeur d'une bouchée que j'ai décidé de passer la soirée avec ma plume. 'Une morsure!' dit quelqu'un avec un bon rire. « Et à quoi bon une bouchée, j'aimerais savoir ? Une bouchée n'est ni du poisson, ni de la chair, ni de la volaille, ni du bon hareng rouge ! Une bouchée ne sert à rien au petit-déjeuner, au dîner, au thé ou au dîner ! Les bouchées ne peuvent être ni frites ni bouillies, ni mesurées ni pesées. Une bouchée, en effet ! » – et une fois de plus le cynique se perd dans le rire. C'est tout ce qu'il en sait, et cela ne fait que nous fournir une autre preuve de la superficialité du cynisme. Le critique a parfois raison, mais le cynique n'a jamais raison ; et le rire éclatant que j'entends depuis la chaise du cynique, alors qu'il parle de morsures, est donc justement traduit et interprété, une sorte de tonnerre d'applaudissements. Pourquoi, à certains égards, une bouchée vaut mieux qu'un poisson. Ce n'est que très rarement qu'un poisson apparaît aussi bien sur la berge ou dans le bateau qu'il est apparu à l'imagination excitée du pêcheur lorsqu'il a senti pour la première fois le battement de la ligne. J'ai pêché des milliers de poissons au cours de ma vie ; mais j'ai effacé la plupart d'entre eux de mémoire dès qu'ils sont entrés dans le panier. Mais certaines des piqûres que j'ai eues ! Je me surprends à me demander maintenant quels beaux monstres ils peuvent avoir été.

« Eh bien, et combien en avez-vous attrapé ? » On me sollicite régulièrement à mon retour.

« Oh, une vingtaine de douzaines ; mais, oh, j'ai eu une telle bouchée ! . . .'

Et ainsi de suite. C'est la morsure qui reste affectueusement dans la mémoire, qui hante l'imagination pendant des jours et qui revient sur le pêcheur dans ses rêves.

"Oh, je l'ai perdu!" » m'a appelé un de mes compagnons depuis l'autre bout du bateau cet après-midi. « Il a quitté la ligne juste après que j'ai commencé à l'attirer ; une si belle bouchée ; Je suis sûr que c'était le plus gros poisson que nous ayons mangé ici cet après-midi !

Bien sûr que c'était le cas ! La morsure est toujours le plus gros poisson. Il y a quelque chose de très charmant – quelque chose dont le cynique ne sait rien du tout – dans notre propension à attribuer des qualités superlatives à ce qui n'est pas réalisé. C'est une espèce de chevalerie philosophique. C'est une courtoisie que nous accordons à l'inconnu. Nous ne savons pas si les joies qui ne nous ont jamais visités étaient vraiment grandes ou petites, alors nous leur accordons vaillamment le bénéfice du doute. Les oies qui sont venues se dandiner sur la colline sont toutes des oies, et comme des oies nous les écrivons ; mais les oies qui n'ont jamais franchi la colline sont toutes des cygnes, et aucun des cygnes que nous avons nourris au bord du lac ne planait çà et là avec autant de grâce.

Une jeune fille vient dans mon bureau. Elle est grande et jolie, et son visage révèle une beauté tranquille. Mais elle est vêtue de noir, et les marques d'un grand chagrin sont imprimées sur son visage pâle et tiré. Mon cœur va à elle alors qu'elle raconte son histoire. C'était si totalement inattendu, si totalement impensé, cette perte soudaine de son amant. Au moment où elle rêvait de fleurs d'oranger pour ses cheveux, ses doigts s'employaient à une couronne de lys pour sa bière. Alors qu'elle était assise dans l'église en ce jour sombre et épouvantable, l'orgue qu'elle imaginait l'accueillir avec une marche nuptiale a fait frémir toutes les allées au son d'un chant funèbre. Et sa tenue nuptiale inachevée avait été entièrement mise de côté pour qu'elle puisse revêtir sa forme gracieuse de tristesse. En regardant ses yeux tristes, gonflés de pleurs, il me semblait pouvoir voir jusqu'à son âme et parcourir les tableaux secrets qu'elle y avait peints. Le mariage heureux, avec toutes ses absurdités et sa solennité, ses rires et ses larmes ; la jolie petite maison, avec sa chaise d'honneur, comme un trône, face à la sienne ; son retour soir après soir, et l'accueil qu'elle lui réserverait ; les enfants aussi, les fils si beaux et les filles si belles ! Quelle galerie d'art contient des peintures si parfaites ? Je les ai tous vus : ces jolies visions accrochées à des crêpes ! Et en les voyant, j'ai vénéré notre douce habitude humaine d'attribuer des gloires impossibles à ce qui n'était pas réalisé.

Et qu'en est-il des parents du bébé que j'ai enterré hier ? N'y a-t-il aucune image de ces âmes frappées qui mérite d'être visionnée ? En traversant ces chambres d'imagerie et en regardant l'un de ces tableaux magnifiquement peints l'un après l'autre, vous avez toute la splendide carrière tracée devant vous. Quels triomphes, quels honneurs, quels lauriers pour son front ! La gloire de la vie qui aurait été s'étale devant leur imagination, esquissée dans les plus belles couleurs ! Ainsi tendrement nous mettons une auréole sur le front de l'inréalisé ! C'est ainsi que nous laissons charitablement jouer l'imagination sur les poissons que nous n'avons jamais pêchés ! Que le cynique fasse taire son rire sacrilège ! Il y a quelque chose dans tout cela de très humain et de très beau.

Et justement parce que c'est si beau, ça vaut la peine d'analyser, ce frisson de joie que je ressens lorsque le poisson tire sur ma ligne. J'essaierai de démonter la sensation, afin de savoir exactement en quoi elle consiste. Je suppose qu'en réalité, le secret est le suivant : je suis heureux de sentir que mon appât a une certaine attirance pour le poisson que je sais maintenant être là. Il est horrible de continuer à pêcher alors que votre esprit est hanté par le soupçon que vos hameçons sont nus ou qu'ils sont appâtés de telle manière qu'ils ne font aucun attrait pour les poissons qui peuvent pulluler autour de vous. La morsure soudaine règle tout cela, et on sent que chaque faculté reprend une vie vigoureuse.

Or, en fait, il y a peu de choses plus pathétiques que le sentiment qui envahit parfois les meilleurs des hommes, qu'il n'y a rien en eux qui puisse attirer l'affection, l'amitié et la confiance des autres. L'exemple classique est le cas de Mark Rutherford. Comme son âme solitaire avait soif de camaraderie ! «Je voulais un ami», dit-il. « Comme ce rêve m'a hanté ! Cela me rendait agité et anxieux à la vue de chaque nouveau visage, me demandant si j'avais enfin trouvé ce que je cherchais comme si le royaume des cieux. Dieu sait que je me serais tenu contre un mur et que j'aurais été abattu pour n'importe quel homme que j'aimais aussi joyeusement que je me serais couché, mais personne ne semblait souhaiter un tel amour ni savoir quoi en faire ! Voici le pauvre pêcheur, qui sent qu'il n'a pas d'appât dont les poissons ont besoin. Ce n'était pas comme s'il avait attrapé la perche pendant que la morue se débattait devant lui. « J'étais évité, dit-il ailleurs, à la fois par les gens ordinaires et par ceux qui avaient du talent. Les gens ordinaires m'évitaient parce que je ne bavardais pas, et les gens de talent parce que je ne représentais rien : *il n'y avait rien en moi* ! Mais, au moment où il abandonnait, Mark Rutherford sentit la ligne trembler et connut l'extase d'une bouchée ! Il s'est soudainement lié d'amitié. « Oh, le transport ! » s'exclame-t-il. "C'était comme si de l'eau avait été versée sur une main brûlée, ou si un Messie miraculeux avait apaisé le délire d'un malade atteint de fièvre et remplacé ses visions de tourment par des rêves de paradis." Le monde recèle plus de choses de ce genre que nous ne le pensons. Un écrivain qui ne parvient pas à trouver des lecteurs, un prédicateur qui ne parvient pas à trouver des auditeurs, un commerçant qui ne parvient pas à trouver des clients, c'est le même vieux problème. Pêcher, pêcher, pêcher, jusqu'à ce que toute la tête soit malade et tout le cœur s'évanouisse. Pêcher, pêcher, pêcher, jusqu'à ce que le monde entier semble mépriser le malheureux pêcheur. Pêcher, pêcher, pêcher, jusqu'à ce qu'un homme sente qu'il n'y a rien en lui, rien en lui, *rien en lui* ; et le mépris de ses semblables conduit à l'angoisse et au rire creux de l'autodérision. Oh, que signifie une bouchée à pareille heure ! « Bienheureux soient-ils », s'exclame le pauvre Mark Rutherford, « qui nous guérissent de notre mépris de nous-mêmes ! De tous les services qui peuvent être rendus à l'homme, je n'en connais pas de plus précieux.

Mais même une morsure peut faire beaucoup de mal à un homme, à moins qu'il n'y réfléchisse très soigneusement. C'est certainement très ennuyeux, après avoir attendu si longtemps, de sentir que le poisson est venu et reparti ! Un pêcheur doit se garder de s'aigrir et de s'aigrir à ce moment-là. C'était la tragédie de Miss Havisham. Tous ceux qui ont lu *Great Expectations* se souviennent de Miss Havisham. À certains égards, elle est le personnage le plus frappant et le plus dramatique de Dickens. La pauvre Miss Havisham avait été déçue le jour de son mariage ; et, pour se venger, elle resta toute sa vie habillée comme elle était habillée lorsque le coup l'ébranla. Lorsque Pip la retrouva, des années plus tard, elle portait toujours sa robe de mariée délavée. Elle avait encore les fleurs fanées dans ses cheveux, même si ses cheveux étaient plus blancs que la robe elle-même. Car la robe était jaune avec le temps, et tout ce qu'elle portait avait depuis longtemps perdu de son éclat. « J'ai vu aussi, dit Pip, que la mariée dans la robe de mariée était fanée comme la robe et comme les fleurs, et qu'elle n'avait plus d'éclat que l'éclat de ses yeux enfoncés. Je vis que la robe avait été mise sur la silhouette arrondie d'une jeune femme, et que la silhouette, sur laquelle elle pendait maintenant, s'était réduite à la peau et aux os. Une fois, on m'avait emmené voir à la Foire quelque horrible œuvre de cire, représentant je ne sais quel impossible personnage couché en état. Une fois, j'avais été emmené dans l'une de nos vieilles églises des marais pour voir un squelette dans les cendres d'une riche robe qui avait été extraite d'une voûte sous le trottoir de l'église. Maintenant, les œuvres de cire et les squelettes semblaient avoir des yeux sombres qui bougeaient et me regardaient. Pauvre Pipi ! Et pauvre Miss Havisham ! Miss Havisham avait perdu son poisson au moment où elle était sur le point de le débarquer. Et elle avait laissé les choses se détériorer et la gâter, et Pip était effrayée par les ravages que cela avait provoqués.

Le péril touche la vie à tout moment. Cela touche particulièrement ceux d'entre nous qui sont appelés à être pêcheurs d'hommes. C'est un grand art que cette pêche humaine, qui nécessite un tact infini, une subtilité infinie et une patience infinie. Et surtout, il lui faut une volonté résolue de ne jamais, pour quelque raison que ce soit, se laisser aigrir par une déception. Lorsque je suis tenté de terminer ma ligne et d'abandonner tout cela par désespoir, je ravive mon enthousiasme déclinant en me rappelant le ravissement de mes prises précédentes. Quel pêcheur a jamais oublié le transport sauvage du débarquement de son premier saumon ? Quel ministre a jamais oublié l'endroit où il s'est agenouillé avec son premier converti ? Dans les heures longues et fastidieuses où l'attente est fatigante, les grignotages vexatoires et les morsures décevantes, qu'il vive de ces riches souvenirs comme les abeilles vivent en hiver du miel qu'elles récoltent en été. Oui, laissez-le penser à ces triomphes inoubliables et laissez-le en parler. Ils parlent très bien. Et tandis qu'il se souvient et récite cette histoire passionnante, les moments lourds s'envoleront tout simplement, la vieille lueur reviendra dans son âme évanouie et, bien avant d'avoir terminé son récit, il trouvera ses doigts occupés avec un autre prix glorieux.

V

PROPRIÉTAIRE ET LOCATAIRE

J'ai entendu l'autre soir une histoire capitale dans les circonstances les plus étonnantes. C'était lors d'une réunion publique liée à une conférence religieuse. Un certain ministre s'est levé pour s'adresser à nous. Nous savions par expérience que nous devions avoir un discours des plus suggestifs et stimulants. Mais, d'une manière ou d'une autre, il ne nous est pas venu à l'esprit que nous devrions avoir la faveur d'une histoire. Et lorsque ce membre grave et posé de notre assemblée se lança soudain dans les subtilités de son récit, ce fut une surprise aussi grande que si les grêles se révélaient être des diamants ou que le Vésuve avait commencé à déverser de l'or. Avant de savoir ce qui s'était passé, nous avons été électrisés par l'histoire d'un homme qui vivait dans une maison très confortable, avec une grande cave lumineuse et aérée. La rivière coulait à proximité. Un jour, la rivière déborda, la cave fut inondée et toutes les poules qu'il y gardait se noyèrent. Le lendemain, il est allé voir le propriétaire.

« Je suis venu, dit-il, pour vous prévenir. Je souhaite quitter la maison.

'Comment c'est?' demanda le propriétaire étonné. «Je pensais que tu aimais tellement ça. C'est une maison très confortable, bien construite et bon marché.

« Oh oui, répondit le locataire, mais la rivière a débordé dans ma cave et toutes mes poules se sont noyées.

« Oh, ne laissez pas cela vous faire abandonner la maison », raisonna le propriétaire ; 'essayez les canards !'

J'oublie entièrement — j'espère de tout mon cœur que mon ami ne verra jamais mon lamentable aveu ! — J'oublie entièrement ce qu'il a fait de cette charmante histoire. Mais, en y repensant maintenant, je vois très clairement que la moitié de la philosophie de la vie est enveloppée dans ses replis délicieux. Cela soulève d'emblée la question de savoir dans quelle mesure je suis obligé d'endurer les frondes et les flèches d'une fortune scandaleuse. La rivière a inondé ma cave et noyé toutes mes poules. Très bien. Désormais, deux parcours s'offrent à moi. Dois-je sourire et le supporter ? ou dois-je faire un changement ? Je dois rappeler qu'il fait très agréable de vivre au bord du fleuve. Il y a le hangar à bateaux au pied du jardin. Quelles heures délicieuses nous avons passées à parcourir les méandres et les biefs du tranquille ruisseau, à observer les reflets dans l'eau et à pique-niquer sous les saules de ses berges herbeuses ! Comme les enfants aiment descendre ici et nourrir les cygnes tandis que les créatures gracieuses glissent fièrement ici et là, semblant conscientes que leur beauté mérite amplement tous les hommages qui lui sont rendus ! La pêche aussi ! Le vrombissement de la ligne, le virage de la canne et le clapotement de la truite ; eh bien, il y avait plus d'excitation concentrée dans certains de ces moments formidables que dans toutes les politiques et batailles depuis la création du monde ! Et le bain ! Lors de ces chaudes journées d'été où l'air même semblait brûler la peau, comme ces eaux tourbillonnantes semblaient exquises ! Dois-je renoncer à toute cette jouissance parce que, une fois tous les cinq ans peut-être, le ruisseau grossi inonde ma cave et noie mes poules ? C'est la question, et c'est aussi une question d'actualité.

Aujourd'hui, le problème est un peu plus profond qu'il n'y paraît à première vue. Car si je me persuade qu'il est de mon devoir de m'adresser au propriétaire de la maison et de lui donner un préavis de démission, je me retrouverai bientôt à passer une partie considérable de mon temps à servir mes propriétaires. Dans la prochaine maison où j'irai, non seulement la navigation de plaisance, la pêche et la baignade me manqueront, mais je découvrirai d'ici six mois d'autres inconvénients tout aussi graves que l'inondation occasionnelle de ma cave au bord de la rivière. Et puis je devrai déménager à nouveau. Et déménager deviendra une habitude chez moi. Et dans l'ensemble, c'est une mauvaise habitude. Cela peut être bon pour les poules ; mais il y a autre chose à considérer que les poules. Le système solaire ne fonctionne pas uniquement pour le bénéfice des poules en cave. Il y a les enfants, et, n'en déplaise au poulailler, les enfants méritent autant de considération que les poules. Il n'est pas bon que les enfants bougent constamment. C'est bien pour eux d'avoir des souvenirs sacrés et beaux de la maison de leur enfance. Il est bon pour eux de nourrir les cygnes et de jouer sous les saules, année après année, et de conserver les cygnes et les saules comme partie de l'arrière-plan avec lequel la mémoire peindrea toujours le tableau de leur enfance. Il est bon que les enfants ressentent une certaine fixité et stabilité par rapport à la maison, à l'école et aux amis.

George Gissing raconte pathétiquement comment l'esprit de déréliction s'est infiltré dans la vie de Godwin Peak. Tout cela était dû aux gitans de la famille. « À la suite du déménagement de la famille d'abord de Londres vers la ferme, puis à Twybridge, Godwin n'avait plus d'amis de longue date. Un garçon profite de la gentillesse semi-parentale des hommes et des femmes qui ont suivi sa croissance depuis son enfance ; en général, cela l'affecte comme une influence stabilisatrice, gardant à l'esprit les liens sociaux auxquels son comportement doit allégeance. Godwin n'avait aucun lien qui le liait fortement à un district. Il était comme un navire qui n'appartient à aucun port en particulier, et qui dérive çà et là à travers le monde au gré des commissions de fugitifs.

Le plus beau de tous les beaux-arts est l'art de supporter les mauvaises choses. Ce n'est pas très agréable de voir toutes ses poules se noyer. Vous aimez les poules. Et outre la perte financière impliquée, il y a un sentiment de deuil en voyant tous vos Dorkings de choix, vos Leghorn préférés, vos adorables Orpingtons ou vos belles Wyandottes argentées, tous morts et débraillés dans la cave boueuse. Peu de choses sont plus déconcertantes. Et pourtant, j'écris cet article dans le seul but d'affirmer que la meilleure chose à faire, si vous devez avoir des poules, est de les enterrer le plus rapidement possible et de les envoyer au marché pour s'en procurer de nouvelles. Il est certainement gratifiant pour la fierté d'un locataire de sentir qu'il a un grief et de pouvoir désormais montrer sa glorieuse indépendance à l'égard du propriétaire. Il y a toujours un piquant agréable à pouvoir démissionner, licencier quelqu'un ou donner un préavis. Mais mon intérêt vaut tout autant la peine d'être considéré que ma dignité. Et tandis que ma dignité réclame à grands cris de me venger du propriétaire, mon intérêt me rappelle les cygnes et les saules, la navigation de plaisance et la pêche. Ma dignité crie avec colère à propos de mes marais morts ; mais mon intérêt porte beaucoup sur mes enfants vivants. De sorte que, tout bien considéré, il vaut mieux enterrer les poules et la hache de guerre en même temps. Je peux quitter ma résidence au bord de la rivière et avoir un enclos à volailles étanche dans une autre rue ; mais quand je vois quelqu'un d'autre emmener ses enfants dans mon ancien bateau, je me mordrai seulement la lèvre et souhaiterai avoir tranquillement réapprovisionné mon poulailler. C'est peut-être une démarche des plus iniques de la part du propriétaire que de laisser la rivière inonder ma cave, mais, en y réfléchissant calmement, je suis convaincu que c'est mon devoir de chrétien de lui pardonner. Et il est toujours payant pour un homme de faire son devoir.

J'avais pensé consacrer un paragraphe aux ministres et aux diacres. Mais peut-être que je ferais mieux de ne pas le faire. Ces questions sont très complexes et très délicates et nécessitent une touche plus tendre que la mienne. Les choses vont parfois mal. La rivière va monter. La cave est inondée et les poules se noient. Mais en réalité, je suis sûr que neuf fois sur dix, peut-être quatre-vingt-dix-neuf fois sur cent, il vaut mieux enterrer tranquillement les pauvres oiseaux et n'en parler plus. Je ne sais pas trop comment appliquer cette parabole. J'avais peur de m'égarer si je m'aventurais dans de telles affaires. Mais supposons que le ministre découvre un matin que sa cave est inondée et que ses oiseaux de compagnie se sont noyés. Bien sûr, il est agréable de donner sa démission et de dire que vous ne la supporterez pas. Et pourtant, et pourtant, les rivières monteront ; c'est une voie qu'ont les rivières ; et le secrétaire de l'Église, lorsqu'il reçoit la démission, se sent aussi impuissant que le propriétaire. Et le ministre a-t-il la garantie que la prochaine rivière au bord de laquelle il construit son nid ne montera jamais ? Et, même s'il est certain de la perfection dans les champs vers lesquels il vole, est-il tout à fait justifié de venger ses poules mortes en mettant en péril ses enfants vivants et son Église vivante ?

Ou peut-être ai-je mal interprété l'histoire. Cela me rend vraiment très nerveux et j'ai l'impression de m'être plongé dans des choses trop élevées pour moi. Peut-être que le ministre est le propriétaire. C'est à cause de sa méchanceté que la rivière est montée et a noyé certaines des meilleures poules de l'Église, ou du moins a ébouriffé les belles plumes de certains des meilleurs oiseaux de l'Église. C'est la chose la plus simple au monde de lui donner un préavis de démission. Et cela s'accorde magnifiquement avec la dignité de la situation. Mais est-on bien sûr que le pauvre ministre ait fait monter le fleuve ? C'est la question que le locataire doit se poser. Était-ce la faute du propriétaire ? Je répète que les rivières montent parfois, généralement en période de tempête. Le Nil et le Tigre montaient à l'époque préhistorique. C'est une façon de faire des rivières. Je pense vraiment qu'il vaudrait mieux ne pas en dire plus. Essayez de lisser les plumes ébouriffées et oubliez. Ce n'était peut-être pas sa faute ; et de toute façon, nous dirons au revoir à bien des expériences délicieuses si nous nous séparons.

Et vraiment, quand on y réfléchit tranquillement, il semble y avoir beaucoup de choses dans la suggestion du propriétaire : « Essayez les canards ! Bien sûr, les canards sont parfaits pour une habitation au bord d'une rivière. Tout changement, aussi minime soit-il, devrait être dicté par la raison et non par le caprice. C'était la différence essentielle entre le locataire stupide et le propriétaire avisé. Le locataire a déclaré : « Je ferai un changement *fondamental* , et je le ferai *de manière capricieuse* : je quitterai la maison ! Le propriétaire a dit : « Pourquoi ne pas apporter une modification *fortuite* et *raisonnable* ? Essayez les canards ! » J'ai vu de mon temps un grand nombre de gens, parmi toutes sortes et conditions d'hommes, jeter leurs habitations au bord de la rivière en grand désordre parce que leurs poules s'étaient noyées dans la cave. Mais parmi mes lettres les plus tristes, j'en trouve de ceux qui me disent combien les cygnes et le hangar à bateaux, les truites et les saules leur manquent, et combien ils souhaitent sincèrement maintenant d'avoir goûté aux canards. Mais c'est trop tard; le ruisseau clignotant est le paradis des autres locataires ; et le souvenir d'enfance le plus romantique des enfants tourne autour du plaisir de faire entrer et sortir le piano et la table de la salle à manger par les différentes portes. Nous pouvons facilement prendre la stupide habitude de prévenir le propriétaire chaque fois que la rivière monte ; et nous oublions que c'est précisément de tels mouvements, de tels allers et de tels séjours, que la vie dans son ensemble prend sa teinte et sa couleur. Le destin est fait de bagatelles. Notre bonheur et notre malheur sont déterminés par des problèmes relativement insignifiants. Quelqu'un a dit très bien que nous prenons nos décisions, puis nos décisions se retournent et nous façonnent.

Maintenant, que personne ne suppose que je désapprouve un changement. Au contraire, je prône un changement. Il ne faudra jamais laisser les oiseaux se noyer et ne prendre aucune mesure pour empêcher qu'un tel désastre ne se reproduise. Je ne suis pas favorable à la stagnation. J'insiste simplement sur le fait que le changement doit s'imposer au cœur, à la conscience et à la raison. Ce doit être un pas en avant. Regardez ceci, par exemple. C'est tiré de *la Vie d'Arnold de Stanley* : « Nous sommes tous au milieu de la confusion », écrit Arnold depuis Laleham, « les livres sont tous emballés et la moitié des meubles ; et mardi, si Dieu le veut, nous quitterons ce cher endroit, cette maison de neuf ans de bonheur si extrême. Mais il ne faut pas regarder en arrière. En avant, en avant, *en avant*, devrait être la devise de chacun. Et c'est ainsi qu'Arnold a rejoint le Rugby et est entré dans l'histoire ! Il y a des moments où la porte du propriétaire est le grand chemin vers la gloire.

L'ensemble du sujet est susceptible d'applications les plus larges et doit être traité scientifiquement. L'homme trouve toujours ses volailles noyées dans la cave et fait fausse route pour arranger les choses. D'une manière générale, il faut avouer qu'il aime trop se précipiter chez le propriétaire. Dans son *Voyage en Russie*, Théophile Gautier a un mot frappant concernant ce penchant périlleux. « Tout ce qui est réellement utile à l'homme, dit-il, a été inventé dès le commencement du monde, et tous les gens qui sont venus depuis se sont épuisés la cervelle pour trouver quelque chose de nouveau, mais n'ont apporté aucune amélioration. *Le changement est loin d'être un progrès* ; il n'est pas encore prouvé que les bateaux à vapeur valent mieux que les voiliers, ou les chemins de fer que la circulation des chevaux. Pour ma part, je crois que les hommes finiront par revenir aux anciennes méthodes, qui sont toujours les meilleures. Je ne suis pas d'accord avec la première partie de l'affirmation de Gautier. Ce n'est pas probable. Mais lorsqu'il affirme que nous revenons à notre point de départ, son affirmation est incontestable. Au commencement, l'homme était seul avec sa terre ; et tout ce qu'il a fait, il l'a fait à la sueur de son front. Puis vint l'engouement pour les machines, et le monde devint un réseau de fils et un désert de roues tourbillonnantes. Mais nous commençons à reconnaître qu'il s'agit d'une erreur ridicule. La chose est trop lourde et trop compliquée. M. Marconi nous a déjà appris à avoir à moitié honte des fils. Et M. HG Wells prédit que dans quarante ans, toutes les activités d'un monde plus vaste et plus actif seront dirigées par des courants de puissance invisibles et que l'ensemble de notre machinerie industrielle sera jeté à la ferraille. L'homme se retrouvera à nouveau seul avec son monde, mais ce sera un monde qui l'aura pris en confiance et lui aura révélé ses merveilleux secrets. Il se souviendra avec le sourire de l'époque des sirènes hurlantes et des moteurs ronflants, des pistons qui s'emballaient et des roues qui tournoyaient. Il sera étonné de constater qu'il s'est montré plus tôt disposé à recourir à un système aussi lourd et compliqué, alors qu'une transition plus modeste l'aurait fait entrer dans son royaume.

Toute la dérive de notre développement scientifique moderne s'éloigne de nos complexités mécaniques tintantes et revient vers les grandes simplicités primitives. Nous avons trop aimé les solutions drastiques et dramatiques, trop aimé rebondir sur le propriétaire. Nous sommes trop enclins à nous impliquer dans un grand projet alors que nous aurions pu obtenir gain de cause en essayant simplement des canards. Nous aimons les choses qui sont lourdes, les manières qui les impliquent, les chemins qui mènent aux maux de tête et aux chagrins. C'est une tendance très ancienne et très humaine. Paul a écrit l'épître aux Galates pour leur reprocher la même triste erreur. « Ô Galates insensés, qui vous a ensorcelé ? Ils avaient abandonné les simplicités sous l'attrait des complexités. L'Église, poussée par son Seigneur à revenir à ses premiers amours, a commis la même erreur. Nous sommes trop enclins à mépriser le simple et l'évidence. Nous abandonnons la source d'eau vive et nous nous creusons de lourdes citernes. Nous négligeons les majestueuses simplicités de l'Évangile et impliquons nos cerveaux fatigués et nos cœurs affamés dans des systèmes tortueux qui nous conduisent très, très loin de chez nous. Le propriétaire a raison. Le parcours le plus simple est presque toujours le plus sûr.

VI

LE PLACARD D'ANGLE

Existe-t-il un cas enregistré de recherche réellement infructueuse ? J'en doute. Je crois qu'il est positivement et littéralement vrai que celui qui cherche trouve. Je ne veux pas dire qu'un homme trouvera toujours ce qu'il cherche. Je ne sais pas si la promesse implique cela. Je pense qu'il couvre un éventail beaucoup plus large et embrasse une vérité beaucoup plus vaste. Oui, je doute qu'aucun homme ait jamais cherché sans trouver. Quand j'étais petit, j'ai perdu mon peg-top. C'était un modèle un peu cher, en partie à cause du fait qu'il tournait vraiment. J'ai remarqué cette particularité alors qu'il était encore la propriété de son précédent propriétaire. J'ai eu plusieurs hauts ; en effet, mes poches étaient gonflées à cause de mon vaste magasin, mais aucune d'entre elles ne tournait. Après avoir signalé au propriétaire du sommet tant convoité l'effroyable laideur de son trésor, et cherché par d'autres moyens à faire baisser le prix susceptible d'être demandé dès l'ouverture des négociations, j'obtins enfin le sommet en échange de six billes, une somme redoutable. du marronnier d'Inde et un couteau à lame cassée. On peut facilement imaginer mon inquiétude ultérieure, à l'idée de manquer un bien si coûteux. On ne pouvait pas s'attendre à ce que je endure une privation aussi grave sans faire un effort désespéré pour récupérer ma fortune perdue. J'ai donc proclamé à tous ma détermination inflexible à saccager la maison depuis la brique supérieure de la cheminée jusqu'aux recoins les plus sombres de la cave à la recherche de mon trésor disparu. J'ai commencé avec une vieille armoire triangulaire étrange qui occupait un coin de la cuisine. Et dans le coin le plus profond et le plus poussiéreux de l'étagère du haut de ce vieux placard caverneux, que devrais-je trouver sinon la balle de cricket que j'avais perdue l'été précédent ? Mon excitation était si grande que j'ai failli tomber de la table sur laquelle je me trouvais. Dès que le scintillement de ma bougie tomba sur la boule, je me rappelai distinctement l'avoir mise là. J'ai soutenu que c'était le seul endroit de la maison que je pouvais atteindre, et que mon frère ne le pouvait pas, et par conséquent le seul endroit de la maison qui était vraiment sûr. Le fait que la balle soit restée là, intacte, tout au long de la saison de cricket, démontrait abondamment la justesse de ma conclusion. Ma jubilation était si exubérante qu'elle m'a fait sortir de l'esprit toute idée de la cheville. Il existe aussi bien le pouvoir expulsif d'une ancienne affection que le pouvoir expulsif d'une nouvelle affection. Mon plaisir face à ma nouvelle balle de cricket a entièrement dissipé mon chagrin face à mon dessus de cheville manquant. En effet, je ne suis pas sûr à ce jour d'avoir jamais revu cette cheville. Je l'ai peut-être déposé par inadvertance sur une étagère accessible à mon frère ; mais après tant d'années, je m'efforcerai de ne nourrir aucun sombre soupçon. De toute façon, cela n'a pas d'importance. Qu'est-ce

qu'une piètre cheville comparée à une demi-balle de cricket en Guinée ?
J'avais cherché et j'avais trouvé. Je n'avais pas trouvé ce que j'avais cherché,
ni cherché ce que j'avais trouvé. Peut-être que si j'avais continué ma recherche
du dessus avec l'enthousiasme et l'assiduité avec lesquels j'avais traîné la table
de la cuisine jusqu'au placard d'angle, je l'aurais trouvé. Peut-être que si j'avais
cherché la balle de cricket avec le même enthousiasme qui a marqué ma quête
du sommet, je l'aurais trouvée. Mais ce n'est pas mon propos. Mon point est
le point avec lequel je suis parti. Je ne crois pas qu'un cas de recherche
réellement infructueuse ait jamais été enregistré. Celui qui cherche, trouve,
en dépend.

L'époque des chevilles et de la balle de cricket me semble désormais loin
derrière moi, et je suis heureux que le sort de cette vieille et étrange armoire
d'angle ait été miséricordieusement caché à mes yeux. Mais, sur terre comme
sur mer, le principe que j'ai découvert lorsque je me tenais sur la pointe des
pieds sur la table de la cuisine m'a suivi au fil des années. Le secret que j'ai
appris ce jour-là a agi comme un talisman et a transformé chaque endroit que
j'ai visité en un terrain enchanté. Même ma table d'étude n'est pas à l'abri de
son sortilège. Un spectacle plus prosaïque n'a jamais rencontré l'œil. Le
bureau, les casiers, les tiroirs et les piles de papiers pourraient avoir à voir
avec une fonderie ou une poissonnerie, tant ils paraissent peu romantiques.
Et pourtant, que de moments j'ai quand j'arrive à perdre quelque chose ! Cela
vaut presque la peine de perdre quelque chose juste pour le plaisir de le
chercher ! Si un catalogue ou une circulaire s'égare, toutes les excitations
d'une chasse s'offrent à moi. Et les choses que je trouverai ! Je tomberai sur
des lettres qui me feront rire et des lettres qui me feront pleurer. Bonjour,
qu'est-ce que c'est ? Mon Dieu, il faut que j'écrive à un tel, sinon il croira que
je l'ai oublié ! Et regardez ici ! Je dois courir voir quel est son nom cet après-
midi et régler cette affaire. Et ainsi je continue. Il est probable que je ne
trouverai pas plus le catalogue qui m'a poussé à chercher que je n'ai trouvé la
cheville au temps de l'ancien lang syne ; mais qu'est-ce que cela a à voir avec
ça ? Regardez les choses que j'ai trouvées, les souvenirs que j'ai ravivés, les
tâches qui m'ont été proposées ! La vie a été incalculablement enrichie par les
fruits de cette recherche à travers les papiers sur ma table d'étude. Si je ne
trouve pas les papiers à chevilles que je cherchais, j'ai trouvé les papiers à
balles de cricket infiniment plus précieux, et le ravissement de mes
découvertes sensationnelles fait du sort de mes pauvres papiers à chevilles
une question de comparaison. indifférence. La série de sensations fortes
produites par une telle recherche n'est pas sans rappeler les émotions avec
lesquelles j'ai vécu mon premier divertissement à la lanterne magique. Ils
arrivèrent, l'un après l'autre, ces images merveilleuses, merveilleuses, dans
l'obscurité. Surgissaient, les unes après les autres, ces surprenantes surprises
sortant de ces piles de papiers moisis. Une recherche est vraiment une
expérience merveilleuse. L'imagination vole à une vitesse fulgurante d'un

monde de choses à un autre et à un autre tandis que les papiers bruissent entre les doigts. John Ploughman disait que, même si les poules n'en tiraient rien, cela leur faisait du bien de se gratter. Je ne suis pas un expert en volailles, comme on me le rappelle souvent, mais j'ose dire qu'il y a une richesse de sagesse dans cette observation. Quoi qu'il en soit, je sais que, dans mon cas, le succès ou l'échec de mes expéditions de recherche n'a aucun rapport avec l' objet initial de ma quête. Je ne me souviens pas d'être parti à la recherche d'une chose et d'avoir ensuite regretté de l'avoir fait.

Je me demandais l'autre jour si le même principe s'appliquait à d'autres personnes, et je me suis cruellement décidé sur la base d'une petite expérience. Mes filles collectionnent des orchidées et passent une grande partie de leur temps en ville à raconter les expéditions de recherche de nourriture qu'elles ont menées dans les jours heureux d'antan et à anticiper des aventures similaires dans les temps dorés qui les attendent. Certaines des vacances les plus agréables que nous ayons passées ensemble se sont déroulées au cœur de la brousse où la nature se déchaîne et se délecte d'une profusion tranquille. Il est délicieux de les voir déambuler le long du chemin à travers la brousse, le visage rouge de l'excitation de leur incursion et les bras remplis du butin qu'ils ont rassemblé. Ils sont fatigués, évidemment, mais pas trop fatigués pour courir lorsqu'ils nous aperçoivent. 'Regarde ça!' pleure quelqu'un; et "N'est-ce pas une jolie couleur?" demande l'autre. « En avez-vous déjà vu une de cette forme ? » « Envie d'en trouver un ! » Et ainsi de suite. Et puis la soirée est consacrée à presser et à classer les trésors qu'ils ont rassemblés.

Un jour, ils revinrent, plus tôt que d'habitude, et nous montrèrent leurs découvertes.

« Mais, oh, mon père, c'était vraiment dommage ! Vous connaissez ce genre qu'Ella Simpson nous a montré une fois et nous a dit qu'ils étaient très rares ? Eh bien, nous en avons trouvé un, d'une véritable beauté, là-bas, dans cette vallée, au-delà des dunes ; et sur le chemin du retour, nous l'avons perdu. N'était-ce pas dommage ?

« Tu veux dire le petit bleu pâle, avec la frange orange ? J'ai demandé.

"Oui, et il était en pleine floraison et prêt à être cueilli."

« C'était dommage, avouai-je, car tu sais que j'en veux spécialement un. Pensez-vous que vous pourriez y retourner et essayer d'en trouver un ?

Ils étaient d'accord. Je leur conseillai de chercher avec le plus grand soin et de fouiller dans les endroits qu'ils n'avaient pas dérangés auparavant. Ils revinrent une heure plus tard sans aucun autre spécimen de la variété bleue et orange, bien qu'à une date ultérieure ils réussirent à en déterrer un, mais ils se réjouissaient d'un certain nombre de spécimens très rares qui sont maintenant considérés parmi les plus précieux de leur collection.

Dans *Il n'est jamais trop tard pour réparer*, Charles Reade a une histoire qui est entre nos mains juste ici. « Il était une fois, fait-il dire à l'un de ses personnages, il était une fois un vieux type qui avait entendu parler de trésors trouvés dans des endroits étranges, un pot plein de guinées ou quelque chose du genre ; et cela a pris racine dans son cœur. Un matin, il descend et dit à sa femme : "Tout va bien, vieille femme, j'ai trouvé le trésor !" "Non, n'est-ce pas ?" dit-elle. "Oui", dit-il; " Au moins, c'est comme trouvé ; il attend seulement que j'aie pris mon petit déjeuner, et ensuite je sors le chercher ! " "La, John, mais comment l'as-tu trouvé !" « Cela m'a été révélé dans un rêve », dit Jean, aussi grave qu'un juge ; "c'est sous un arbre dans le verger." Après le petit-déjeuner, ils se rendirent à la plantation, mais John ne put à nouveau reconnaître l'arbre. "C'est une sale vieille tête", s'écria sa femme, "pourquoi n'as-tu pas mis un pseudo sur la bonne à ce moment-là ?" Mais John ne devait pas être battu. Il résolut de creuser sous chaque arbre. Comme les voisins ont ri ! Mais le printemps est arrivé. Les arbres ont éclaté. « Femme, dit-il, notre floraison est plus riche que je ne l'ai connue depuis tant d'années ; elle est plus riche que celle de nos voisins ! Bloom meurt, puis il en ressort un million de petites choses vertes assez dures. En automne, les vieux arbres chancelaient et les branches tombaient jusqu'au sol avec la récolte ; et ainsi l'année suivante, et la suivante ; parfois plus, parfois moins, selon les années. Les arbres étaient vieux et voulaient changer. En leur laissant entrer l'air et en retournant le sous-sol au gel et au soleil, ils avaient renouvelé leur jeunesse. Et c'est ainsi que le pauvre John a trouvé son trésor. Ce n'était pas exactement le pot de guinées qu'il cherchait ; mais c'était tout aussi précieux et lui procurait probablement une gratification plus profonde. Il n'a pas trouvé ce qu'il cherchait, mais qui dira que sa recherche n'a pas abouti ? Celui qui cherche trouve. Il n'existe aucun cas enregistré de recherche vraiment infructueuse.

M. Gilbert West et Lord Lyttelton entreprirent un jour d'organiser une campagne pour dénoncer le caractère fictif du récit biblique. Afin de rendre leur attaque plus dommageable et plus efficace, ils ont accepté de se spécialiser. M. West a promis d'étudier minutieusement l'histoire de la résurrection de Jésus. Lord Lyttelton choisit comme point de son assaut le récit de la conversion de Paul. Ils se sont séparés; et chacun a commencé une recherche minutieuse et exhaustive des inexactitudes, des incongruités et des contradictions dans les documents. Ils s'employaient à dénoncer l'erreur, disaient-ils, et à rechercher la vérité. Oui, ils recherchaient la vérité, et ils la cherchaient avec sérieux et sincérité. Ils cherchaient la vérité et ils l'ont trouvée. Car lorsque, à l'heure convenue, ils se réunirent pour régler les détails de leur campagne projetée, chacun dut avouer à l'autre qu'il était devenu convaincu de l'authenticité des annales et qu'il avait cédé aux affirmations du Christ ! Voici une recherche ! Voici une trouvaille ! Ils ont cherché ce qu'ils n'ont jamais trouvé, et ils ont trouvé ce qu'ils n'ont jamais cherché. La recherche a-t-elle échoué ? Chercheurs de vérité, se disaient-ils ; et n'ont-ils pas trouvé la Vérité ? Comme les Mages, ils suivaient dans le firmament une étoile qui leur était familière. Mais, à leur grand étonnement, l'étoile les conduisit jusqu'au Sauveur, et aucun d'eux n'a jamais regretté d'avoir participé à une quête aussi étonnante.

« Et ainsi », comme le dit finement Oliver Cromwell, « être un chercheur, c'est appartenir à la meilleure secte à côté de celui qui trouve, et tel sera celui-là que sera tout humble chercheur fidèle à la fin. » Il me semble toujours que la charmante lettre du vieux puritain à sa fille, la lettre que je viens de citer, est le joyau du grand volume de Carlyle. Bridget avait vingt-deux ans à l'époque. « Votre sœur, lui dit son père, est occupée par des pensées perplexes. Elle voit sa propre vanité et son esprit charnel et, les déplorant, elle cherche ce qui la satisfera. Et ainsi, être un chercheur, c'est être de la meilleure secte après celui qui trouve, et tel sera celui-là que sera tout humble chercheur fidèle à la fin. Heureux chercheur ; heureux chercheur ! Cher cœur, continue ! Que ton mari, que rien ne refroidisse tes affections après le Christ !

Avec quelles paroles fortes, tendres et paternelles d'un vieux soldat à sa jeune fille, nous pouvons très bien prendre congé de ce sujet. « Heureux chercheur ; heureux chercheur ! Cher cœur, continue ! Oliver Cromwell savait qu'il n'existe pas de recherche infructueuse. Si nous ne rencontrons pas notre brillant trésor sous la forme exacte que notre ignorance avait imaginée, nous le découvrons selon une similitude qu'une sagesse bien plus élevée a ordonnée. Mais le fait est que nous le trouvons. C'est la leçon que j'ai apprise en scrutant l'obscurité abyssale du vieux placard mystérieux dans mon enfance, et plus je vis, plus je deviens certain de sa vérité.

VII

AVEC LES LOUPS DANS LA SAUVAGE

je

J'aime penser que Jésus a passé quarante nuits de sa vie merveilleuse dans la nature avec les loups. « Il était avec les bêtes sauvages », nous dit Marc, et cette déclaration n'est pas enregistrée pour rien. La nuit est le grand niveleur. La nuit, désert et prairie ne se distinguent pas. La nuit enveloppe tout dans des robes de sable, et le plus beau paysage est celui qui offre la perspective la plus morne. Le Nord et le Sud, l'Est et l'Ouest se ressemblent dans la nuit. Voici le Wild de l'Ouest. « Un vaste silence régnait », nous raconte Jack London. « La terre elle-même était une désolation, sans vie, sans mouvement, si solitaire et si froide que l'esprit qui y régnait n'était même pas celui de la tristesse. Il y avait là une pointe de rire – la sagesse magistrale et incommunicable de l'éternité riant de la futilité de la vie et de l'effort de la vie. C'était le Wild – le sauvage du Nord, au cœur gelé !' Ici, dis-je, c'est le Wild. Et voici la vie du Wild : « Bill ouvrit la bouche pour parler, mais changea d'avis. Au lieu de cela, il désigna le mur de ténèbres qui les entourait de tous côtés. Il n'y avait aucune suggestion de forme dans l'obscurité totale ; on ne voyait que deux yeux brillants comme des charbons ardents. Henry indiqua de la main une deuxième paire et une troisième. Un cercle d'yeux brillants s'était dessiné autour de leur camp. De temps en temps, une paire d'yeux bougeait ou disparaissait pour réapparaître un instant plus tard.

Qu'est-ce que cela signifiait, ces yeux agités et brillants, comme des lucioles traversant la surface de l'obscurité ? Cela signifiait simplement qu'ils étaient dans la nature la nuit et qu'ils étaient avec les bêtes sauvages. Et que signifie ce fragment frappant de ma Bible ? Cela signifie qu'Il *était* dans le désert la nuit, nuit après nuit, pendant quarante nuits, et *qu'Il* était avec les bêtes sauvages. Il entendit le rugissement du lion qui réveillait les échos de la forêt endormie. Il vit l'hyène passer furtivement près de Lui sur la trace d'un cerf timide, et regarda le guépard rôder dans les broussailles à la poursuite d'une jeune gazelle. Il entendit le cri du lièvre tandis que le renard accroupi surgissait ; et le battement de la perdrix lorsque le chacal saisit sa proie. Il entendit le glissement de la vipère alors qu'elle glissait dans l'herbe à côté de sa tête ; et fut surpris par les cris des oiseaux de nuit et le battement de leurs ailes, alors qu'ils tournoyaient et piquaient autour de lui. Et lui aussi vit les yeux brillants des loups affamés alors qu'ils l'entouraient de leur féroce cordon. Car il resta quarante nuits dans le désert, et il fut avec les bêtes sauvages.

II

Et pourtant, il n'était pas blessé ! Maintenant, pourquoi est-il resté indemne pendant ces quarante nuits, entouré de broussailles, vivant de griffes, de serres et de crocs ? Il était avec les bêtes sauvages, nous dit Marc, et pourtant aucun lion ne s'est jeté sur lui ; aucun loup solitaire ne l'a frappé avec ses crocs effrayants ; aucun serpent ne l'a mordu.

« Henry, » dit l'un des héros de Jack London à l'autre, tandis qu'ils regardaient les yeux de loup briller çà et là dans l'obscurité, « c'est un terrible malheur d'être à court de munitions !

Mais *il* n'était ni armé ni protégé ! Aucune lame n'était dans sa main ; aucun cercle de feu ne brillait autour de lui pour effrayer les brutes qui rôdaient. Et pourtant, il était indemne ! Pas une dent ni une griffe ne lui ont laissé une égratignure ou une entaille ! Pourquoi ? Il ne faudra jamais recourir au miraculeux, car le point même de l'histoire de la Tentation est son refus sublime de se soutenir par une aide surhumaine. Par l'emploi du miracle, il aurait facilement pu ordonner aux pierres de devenir du pain, et il aurait pu ainsi répondre avec grandeur aux railleries du tentateur et apaiser en même temps la faim qui le rongeait. Mais cela aurait tout gâché. Il est allé dans la nature pour être tenté « comme nous sommes tentés » ; et puisque le miracle n'est pas à *notre* disposition, il ne le laisserait pas à *sa disposition* . Il est donc impossible de supposer qu'il ait méprisé l'aide du miracle pour le protéger de la faim, mais qu'il ait fait appel au miracle pour le protéger des bêtes.

Maintenant, afin de résoudre ce problème, je me suis tourné vers ma Bible, dès le début. Et là, dès le premier chapitre, j'ai trouvé l'explication. « Dominez, dit Dieu, sur les poissons de la mer, sur les oiseaux du ciel et sur tout être vivant qui se meut sur la terre. » Il n'y avait rien de vraiment miraculeux dans l'autorité du Christ sur les poissons. Je n'ai jamais vu un homme brandir une ligne sans soupirer pour notre domination perdue. Il n'y avait rien de vraiment miraculeux dans l'immunité du Christ contre le mal. Les loups ne l'ont pas déchiré ; Il leur a dit de ne pas le faire. C'était un homme, exactement l'homme que Dieu voulait que tous les hommes soient. C'est pourquoi il « dominait sur les poissons de la mer, sur les oiseaux du ciel et sur tout ce qui rampe sur la terre ». Il était indemne au milieu des loups, non pas parce qu'il était surhumain, mais parce qu'il était véritablement humain. Nous sommes quelque chose de moins qu'humains, des épaves et des ombres d'hommes. Ayant perdu l'autorité de notre humanité, les poissons ne nous obéissent plus et nous sommes obligés de les suspendre avec des hameçons et des ficelles. Les loups et les tigres ne se tiennent plus à notre disposition, et nous devons nous rabattre sur les feux de camp et les pistolets. C'est très humiliant ! La couronne est tombée de nos têtes, et tout ce qui a des nageoires, des poils et des plumes se moque de nous dans notre honte. Mais à toi, ô homme des hommes, appartient le pouvoir et la domination, et toutes les créatures de la nature t'obéissent ! "Il était avec les bêtes sauvages."

III

Qu'est-ce que ces yeux sauvages, muets et éloquents ont dit à Jésus alors qu'ils le regardaient avec émerveillement là-bas dans la nature ? Alors qu'ils bondissaient hors du fourré, s'accroupissaient, le regardaient et s'éloignaient en douce, que lui disaient-ils, ces grands loups maigres ? Et que leur a-t-il dit ? Les animaux sont des choses tellement éloquentes, surtout dans de tels moments. « Les renards ont des terriers », dit Jésus longtemps après, se rappelant comment il regardait les créatures de la nature chercher leurs tanières. "Et les oiseaux du ciel ont des nids", dit-il, se souvenant des gazouillis et des battements dans les branches au-dessus de sa tête alors que les oiseaux s'installaient pour la nuit. "Mais le Fils de l'homme n'a pas où reposer sa tête", conclut-il en pensant à ces longues, longues nuits dans la nature sans abri. Voulait-il dire que les loups étaient dans une meilleure situation que lui ? Nous sommes tous tentés de le penser lorsque le conflit nous pèse trop lourdement. Il semble y avoir moins de choix, et donc moins de responsabilités, parmi les bêtes des champs ; moins de jeu entre le bien et le mal. « Je pense, dit Walt Whitman…

Je pense que je pourrais me retourner et vivre avec les animaux, ils sont si placides et autonomes ; Je reste debout et je les regarde parfois pendant une heure d'affilée. Ils ne transpirent pas et ne se plaignent pas de leur état, Ils ne restent pas éveillés dans le noir et ne pleurent pas pour leurs péchés, Ils ne me rendent pas malade en discutant de leur devoir envers Dieu, Personne n'est insatisfait, personne n'est dément par la manie de posséder choses, Aucun ne s'agenouille devant un autre, ni devant son espèce qui a vécu il y a des milliers d'années, Aucun n'est respectable ou industrieux sur toute la terre.

Une pensée flottante et flottante ressemblait-elle à cette partie de la Tentation dans la nature ? Est-ce ce que Marc veut dire lorsqu'il dit de manière si significative : « Il était avec les bêtes sauvages » ? Sûrement; car Il a été tenté en *tous* points comme nous, et nous avons tous été tentés en cela. « Bon vieux Carlo ! avons-nous dit en tapotant la tête du chien, en regardant de nos yeux d'angoisse son regard calme et impassible. « Bon vieux Carlo, tu ne connais rien à ces luttes, mon vieux ! Et nous avons cru un instant que Carlo avait eu le dessus. C'était une pensée noire et blasphématoire, et Il l'a chassée, comme nous devrions frapper un faucon qui voletait devant nos visages et menaçait de nous piquer les yeux. Mais pendant un instant, il flotta devant Lui, et Il aperçut son vilain regard. C'est un regard très laid. Notre capacité à de grands conflits intérieurs et à de grandes souffrances intérieures est la seule preuve que nous avons que nous avons été créés à l'image de Dieu.

IV

Pensait-il, je me le demande, quand il est allé vers les loups du désert, ceux qui, avant si longtemps, seraient déchiquetés par des bêtes affamées pour son cher amour ?

« Aujourd'hui, dit Amplonius, un enseignant des chrétiens romains persécutés, aujourd'hui, sur l'ordre cruel de Trajan, Ignace a été jeté aux bêtes sauvages dans l'arène. C'est lui, mes enfants, que Jésus prit, alors qu'il n'était encore qu'un petit enfant, et le plaça au milieu des disciples et dit : « Si vous ne vous convertissez et ne devenez comme les petits enfants, vous ne pouvez entrer dans le royaume. du ciel." Et maintenant, du même Seigneur qui ce jour-là posa ses mains sacrées sur sa tête, il a reçu la couronne du martyr. Mais Ignace n'avait pas peur des bêtes, mes enfants. J'ai vu une lettre qu'il a écrite hier au vieux Polycarpe, l'ange de l'église de Smyrne. Il y dit que les créatures affamées n'ont aucune terreur pour lui. "Puisse Dieu," dit-il, "que je sois venu vers les bêtes préparées pour moi. Je souhaite que, avec leurs gueules béantes, elles soient maintenant prêtes à se précipiter sur moi. Que les bêtes en colère me déchirent les membres afin que je puisse gagner Jésus-Christ. » Ainsi Ignace écrivait-il hier au bien-aimé Polycarpe : et aujourd'hui, avec un visage semblable à celui d'un ange, il s'est livré aux loups. Nous ne savons pas lequel d'entre nous souffrira ensuite, mes enfants. Les gens crient encore sauvagement : « Les chrétiens aux lions ! Il se peut que moi, votre professeur, soyons le prochain à témoigner de la foi. Mais rappelons-nous que pendant quarante jours et quarante nuits Jésus fut lui-même avec les bêtes sauvages, et qu'aucune d'elles n'osa lui faire du mal. Et Il est toujours avec les bêtes sauvages partout où nous, Son peuple, sommes parmi elles ; et leurs crocs cruels ne peuvent nous déchirer que dans la mesure où c'est pour notre triomphe et sa gloire. Ainsi parla Amplonius, et l'Église fut consolé.

Et à cette heure il y a, dans les catacombes de Saint-Calixte, à Rome, une vieille image grossière de Jésus parmi les créatures indomptées du désert. L'idée que les lions et les léopards se accroupissaient à ses pieds aux jours de sa chair et lui étaient soumis était très précieuse pour le peuple chassé et souffrant.

V

Parfois aussi, j'imagine qu'il a vu, dans ces brutes sauvages qui ne lui faisaient aucun mal, un symbole et une prophétie de sa propre grande conquête. Car eux, avec leurs crocs haineux et leurs serres sanglantes, faisaient partie de sa vaste circonscription. « Toute la création gémit et travaille ensemble dans la douleur », déclare Paul. Richard Jefferies montra du doigt un petit cottage anglais pittoresque à côté d'un magnifique banc de violettes. Mais il ne pouvait jamais se résoudre à cueillir les fleurs odorantes, car, dans la chaumière, la redoutable vérole avait autrefois fait rage. « Cela semblait, dit

Jefferies, complètement gâcher la banque violette. Il y a quelque chose de si destructeur dans la maladie ; pour ainsi dire, aux fleurs. Et comme les violettes partageaient le fléau, les créatures partageaient la malédiction. Et alors qu'ils regardaient bêtement dans les yeux du Fils de Dieu, ils semblaient à moitié comprendre que leur rédemption approchait. « Dans la nature elle-même », comme le dit Longfellow, « il y a une attente et un espoir, un regard et un désir ardent après quelque chose d'inconnu. Oui, quand là-haut, sur la montagne, l'aigle solitaire regarde l'aube grise pour voir si le jour ne vient pas ; quand, près du torrent de montagne, le corbeau couve écoute si le chamois revient de son pâturage nocturne dans la vallée ; et quand le soleil levant fait entendre les odeurs épicées des fleurs alpines, alors s'éveillent dans la nature une attente et un désir d'une révélation future de la majesté de Dieu. A-t-il vu ce sentiment d'attente maussade dans les yeux féroces qui l'entouraient ? Et s'est-il réjoui de ce que l'espérance du désert se réaliserait glorieusement en lui ? Qui sait?

Dans son *Cloître et le foyer*, Charles Reade raconte la tentation et le triomphe de Clément l'ermite. « Et par une nuit glaciale, alors qu'il chantait les louanges de Dieu sur son psaltérion mélodieux, et que sa grotte creuse résonnait de sa sainte mélodie, il entendit un gémissement clair, non sans mélodie. C'est devenu plus fort. Il regarda par les fentes de sa porte grossière, et là était assis un grand loup rouge gémissant mélodieusement, le nez en l'air ! Clément était ravi. "Mes péchés disparaissent", s'écria-t-il, "et les créatures de Dieu me possèdent !" Et dans un élan d'enthousiasme il chanta :

Louez-le, vous toutes, ses créatures !
Que tout ce qui respire loue le Seigneur !

Et tout le temps qu'il chantait, le loup aboyait par intervalles. Je me le demande, Jésus a-t-il vu la fin du péché du monde et le départ de sa malédiction primordiale face aux créatures sauvages qui hurlaient et rugissaient autour de Lui ? Alors que les choses féroces rôdaient autour de lui et le laissaient indemne, a-t-il vu un symbole de sa subjugation finale de tous les éléments sauvages et agités de la terre ? Qui le dira ?

VI

« Il était avec les bêtes sauvages », dit Marc, « et les anges le servaient ». La vie plane toujours entre les bêtes et les anges ; et si loups que soient les yeux qui nous effraient au jour de notre tentation, nous pouvons être sûrs que notre lutte solitaire est surveillée par des spectateurs invisibles, et qu'après les aboiements des bêtes, nous entendrons les anges chanter.

VIII

BITE SOLEIL

Dick Sunshine n'était pas son vrai nom ; du moins c'est ce qu'ils ont dit. Mais ce qu'ils appelaient son vrai nom ne le décrivait pas du tout ; il semblait abandonner toute tentative de description comme étant désespérément impossible ; mais quand vous l'avez appelé Dick Sunshine, cela lui allait comme un gant. C'est là l'immense avantage que possèdent les surnoms sur les vrais noms. De toutes les choses réelles, les vrais noms sont les plus irréels. Il n'y a pas de vie en eux. Ils ne représentent rien ; ils n'expriment rien ; ils ne révèlent rien. Ils n'ont aucun rapport avec les malheureux qui sont condamnés à les porter, comme des insignes dénués de sens, pendant toute la durée de leur vie naturelle. Mais les surnoms, en revanche, scintillent et clignotent ; ils présentent l'homme lui-même devant vous de manière vivante et palpitante ; et sans plus de présentation ni de cérémonie, vous le connaissez immédiatement pour ce qu'il est. C'est la raison pour laquelle nous préférons être appelés par nos vrais noms. Nous savons dans nos âmes secrètes que nos surnoms sont nos vrais noms, et que nos vrais noms ne sont que de simples étiquettes et insignes ; mais nous préférons l'étiquette dénuée de sens à la vérité trop franche. Il y a des inconvénients évidents à être constamment appelé M. Grump, Mme Crosspatch ou Miss Spitfire ; tandis que M. Smith, Mme Robinson ou Miss Jones sont beaucoup plus en sécurité et moins engageants. Mais, pour autant, les surnoms, cela dépend, sont les vrais noms. Les surnoms révèlent l'homme ; les vrais noms cachent l'homme. Et comme, dans le cas de mon héros actuel, je désire tout révéler et ne rien cacher, il est évidemment préférable de parler de lui par son surnom, qui est son vrai nom, plutôt que par son vrai nom, qui n'est qu'un simple nom. affectation et artificialité. Pour moi, il a toujours été Dick Sunshine, et j'ai remarqué que les enfants l'appelaient toujours Dick Sunshine, et les enfants ne sont pas faciles à tromper. En plus, il *était* Dick Sunshine, alors à quoi bon tourner autour du pot ?

Qui était Dick Sunshine ? C'est difficile à dire. Il était en partie épicier et fêtard. Il passait la moitié de son temps à rire et l'autre moitié à tousser. Il ne s'arrêtait de rire que pour tousser ; et il ne cessa de tousser que pour rire. Vous pouviez toujours savoir ce qu'il faisait à un moment donné en jetant un coup d'œil au magasin. Si le magasin était ouvert, vous saviez que Dick riait derrière le comptoir. S'il était fermé, vous saviez qu'il toussait au lit. Dick était un bel homme, ou l'aurait été si seulement sa santé lui avait donné une chance. De fins cheveux dorés et ondulés étaient jetés en désordre naïf autour de son front haut ; et une petite barbe dorée et pointue mettait en valeur un visage franc, joyeux et ouvert. D'une manière ou d'une autre, il y avait une certaine touche de chevalerie chez Dick, même s'il n'est pas facile de dire exactement comment cela se faisait sentir. C'était peut-être une certaine allure chevaleresque, un mépris hautain de sa propre souffrance, un refus enjoué mais résolu de tout ce qui pouvait prendre la forme de la pitié. Qu'il tousse ou qu'il rit, il y avait toujours un petit scintillement malicieux au coin de son œil, une sorte de signal de danger qui vous tenait constamment sur vos gardes, de peur que sa prochaine sortie ne vous surprenne.

L'église de North-East Valley a connu des hauts et des bas, comme la plupart des églises, mais aussi longtemps que Dick en était le secrétaire, elle n'a jamais eu de réunions d'église sombres. Aussi grave ou inattendue que puisse être la crise, il arriva en souriant et salua l'invisible avec des acclamations. Lorsque les choses allaient bien, il en profitait toujours et attirait l'attention sur les aspects encourageants de l'attitude de l'Église. Si les choses avaient été ainsi, il a souligné qu'elles auraient pu être bien pires et que l'Église menait une lutte courageuse contre de lourdes difficultés. Si quelqu'un critiquait le ministre, Dick se levait aussitôt. Le ministre pourrait-il tout faire ? Dick voulait savoir. Était-il seul responsable des conditions insatisfaisantes ? Eh bien, quiconque observe le ministre peut voir que le pauvre homme fait de son mieux, ce qui, ajouta sournoisement Dick, est plus que ce qu'on peut dire de certains d'entre nous ! Et les ministres de la Vallée du Nord-Est me disaient que lorsqu'ils tombaient eux-mêmes dans les décharges, Dick traitait leur effondrement comme une glorieuse plaisanterie. Il descendait au Manse et riait jusqu'à tousser, et toussait jusqu'à pouvoir rire à nouveau, et, au moment où il arrêtait de rire et de tousser, les masses de ses cheveux dorés tombaient sur son front haut comme des touffes de maïs soufflées. des stocks par des vents ludiques au moment de la récolte ; et quand il rentrait chez lui pour achever de tousser, le Manse était inondé des rires et du soleil qu'il avait laissé derrière lui.

J'étais assis un matin dans mon bureau à Mosgiel, quand on sonna à la porte d'entrée. En y répondant, je me suis retrouvé face à face avec Dick. Il riait si violemment qu'il eut d'abord du mal à me saluer. Il m'a suivi dans le bureau et m'a assuré en s'affalant sur une chaise que c'était le plaisir du monde. Je lui ai demandé d'expliquer la cause de sa gaieté bruyante.

"J'ai dû y renoncer!" Il haletait. « Les médecins m'ont dit que je mourrais dans une semaine si je restais plus longtemps dans le magasin. Je l'ai donc laissé se débrouiller tout seul et je suis reparti. Ce n'est pas amusant de mourir en une semaine, tu sais !

J'ai admis qu'il y avait quelque chose là-dedans et je lui ai demandé ce qu'il allait faire maintenant.

« C'est la blague ! » rugit-il, entre rire et toux. «Je suis venu pour rester avec toi.»

Il n'y avait rien d'autre à faire que de le laisser prendre son temps, alors j'ai patiemment attendu de plus amples explications. Enfin, c'est arrivé.

« Juste au moment où je fermais le magasin, dit-il, j'ai entendu dire que les gens de la tempérance voulaient un conférencier et un organisateur pour travailler dans ce district. À l'exception des cours magistraux, ce sera uniquement du travail en plein air, alors j'ai postulé et je l'ai obtenu !'

« Mais, mon cher, lui ai-je remontré, je n'ai jamais su que vous pouviez faire la leçon. Pourquoi, en dehors des réunions de l'église, vous n'avez jamais prononcé un discours de votre vie ! »

« Cela fait partie de la blague ! s'écria-t-il en repartant dans un accès de rire. « Mais je leur ai dit que vous m'aideriez dans un premier temps, et ils m'ont nommé à cette condition. C'est donc ici que sera mon quartier général ! »

Ses fonctions devaient commencer la semaine suivante, et nous nous sommes arrangés pour qu'il fasse ses débuts comme conférencier dans un endroit appelé Outram, à environ huit milles de Mosgiel. J'ai promis de l'accompagner et d'occuper le temps qu'il trouverait impossible ou incommode d'occuper. Entre-temps, il s'est mis au travail avec ses visites et son organisation. Le plein air lui convenait, sa santé s'améliorait étonnamment et le Mosgiel Manse se balançait simplement sous les tempêtes de sa gaieté turbulente. Parfois, l'ombre de l'épreuve à venir s'étendait lourdement sur son esprit, et il venait au bureau avec une gravité inhabituelle pour demander comment il valait mieux aborder tel ou tel point de son premier effort. Pour éviter que son anxiété à ce sujet ne devienne trop forte pour sa silhouette fragile, je lui ai prêté un livre et je l'ai envoyé sur la véranda ensoleillée pour le lire. Il s'agissait par hasard *du Old Curiosity Shop* . Il n'avait jamais rien lu de Dickens, et cela lui ouvrait un nouveau monde. Je n'ai jamais vu personne tomber plus complètement sous le charme du magicien. Depuis le bureau, je l'entendais soudain éclater de rire et se précipiter dans le couloir pour me lire un passage qui venait de captiver son imagination. Chaque fois qu'il venait voler comme un voleur, je savais que c'était pour parler de la conférence ; quand il est venu comme un orage incarné, j'ai su qu'il s'agissait du livre.

Un passage de la célèbre histoire l'a particulièrement séduit. C'était la partie sur Codlin et Short, les hommes de Punch et Judy. Au milieu du dîner, sans la moindre provocation ni avertissement, il laissait soudainement tomber son couteau et sa fourchette, se jetait en arrière sur sa chaise, se frappait la jambe d'un coup sonore avec sa main et criait : « Codlin est ton ami, pas Short. ', puis s'en va dans des extases de joie alors qu'il racontait à nouveau l'histoire.

Eh bien, lundi – le jour de sa conférence d'ouverture – arriva enfin. Pendant la journée, il était inhabituellement calme et taciturne, même si, même face à la dure épreuve qui l'attendait, les hommes de Punch et Judy hantaient sa mémoire et provoquaient occasionnellement des accès de rire discrets. Après le thé, nous partons. Ce fut une délicieuse soirée. Peu de choses sont plus douces que les premières soirées du début de l'été. Le coucher du soleil projette de longues ombres sur l'herbe verte et fraîche et les oiseaux s'affairent dans les branches. Tout en nous était vêtu de ses vêtements les plus doux et les plus beaux. Nous avons continué notre route entre d'immenses haies d'aubépines odorantes et d'immenses avenues bordées de majestueux gommiers bleus, dispersant les lapins devant nous. Puis nous aperçûmes la rivière et traversâmes le pont pour entrer dans la petite ville tranquille où nous attendaient de tant d'aventures insoupçonnées. Dick était pâle et silencieux ; son soleil était voilé par des bancs de nuages, et j'avais du mal à le réveiller. En arrivant dans la salle, nous avons trouvé qu'il y avait du monde. J'étais naturellement ravi; son plaisir était plus retenu. En effet, il me confia, avec un regard qui, pour lui, était franchement lugubre, qu'il aurait été plus satisfait si cet horrible endroit avait été vide. Cependant, il n'y avait rien pour cela. Personne, à part moi, ne savait que Dick donnait une conférence pour la première fois de sa vie ; le président nous conduisit à l'estrade ; et, après une brève introduction relative à la renommée des orateurs, il demanda à Dick de s'adresser aux citadins. En tant que premier effort, ce fut un triomphe ; sa bonne humeur native combinée à une préparation minutieuse pour produire un effet vraiment excellent ; et il s'assit au milieu d'un tonnerre d'applaudissements. J'ai rempli une demi-heure impaire, puis le président a failli tuer Dick d'un seul coup.

« Est-ce que quelqu'un dans le public voudrait poser une question à l'un ou l'autre des orateurs ? » demanda-t-il gravement.

Le pauvre Dick était l'image d'un désarroi abject. Il s'agissait d'une attaque de flanc à laquelle il n'était absolument pas préparé. Un monsieur âgé, au milieu de la salle, se leva lentement, ajusta ses lunettes et, avec une grave délibération, annonça qu'il souhaitait soumettre une question au premier orateur. Dick ressemblait à un homme dont l'arrêt de mort était sur le point d'être signé. Le problème a été dûment énoncé, et il s'est avéré être un problème soigneusement planifié et décidément délicat. Je me demandais comment diable le pauvre Dick allait affronter la musique. Il fit une pause, comme s'il réfléchissait à sa réponse. Puis une lumière soudaine éclaira son visage. Une étincelle méchante brillait dans ses yeux. Il se releva vivement, regarda droit dans les yeux son interlocuteur et s'écria avec assurance :

« Codlin est ton ami, pas Short !

Le public était complètement mystifié. La réponse n'a pas plus à voir avec la question que le fromage hollandais n'a à voir avec les anneaux de Saturne. Pendant une fraction de seconde, vous auriez pu entendre une épingle tomber. J'ai vu que le seul moyen de sauver la situation était de commencer à applaudir, et j'ai frappé mes mains avec volonté, et j'ai ri comme je me suis rarement permis de rire en public. La partie sympathique du public a emboîté le pas. L'impression générale semblait exister que, d'une manière ou d'une autre, Dick avait fait valoir un point particulièrement intelligent. Le vieux monsieur qui avait posé la question était visiblement déconcerté ; il regardait impuissant autour de lui ses concitoyens enthousiastes et considérait évidemment la réponse comme une allusion obscure dont il ne faudrait jamais montrer son ignorance. Il reprit sa place, décontenancé et honteux. Lorsque les applaudissements et les rires se furent quelque peu calmés, je me levai et proposai un vote de remerciements au président, que Dick appuya cependant, à mon avis, sans grande démonstration d'enthousiasme. Ainsi, la réunion, que Dick n'a jamais oublié, s'est terminée de manière tout à fait satisfaisante, bien que j'aie appris en privé longtemps après que, tandis que les gens reprenaient le chemin du retour par ces routes de campagne, beaucoup de ceux qui avaient vigoureusement applaudi demandaient confidentiellement à leurs voisins la direction exacte de leur voyage. la réponse énigmatique sur le sujet particulier en question.

Si Dick manqua de rire sur le chemin à travers les plaines pour se rendre à la réunion, il expié largement ce manque de rire sur le chemin du retour. Comme il a rugi, et crié, et crié de joie !

«Je devais dire quelque chose», s'est-il exclamé. « Je n'avais pas la moindre idée de ce dont parlait le vieux monsieur ; et la seule chose à laquelle je pouvais penser était Punch and Judy !

Il a ri et toussé tout au long de cette campagne. Tout le monde l'aimait merveilleusement et attendait avec impatience sa venue. Il a fait beaucoup de bien et a fait honte à un grand nombre d'entre nous de la tristesse dans laquelle nous supportions nos moindres maladies. Mon courrier de Nouvelle-Zélande m'informe que, finalement, sa toux s'est révélée trop forte pour lui, alors il a abandonné. Mais j'aime imaginer que, dans le pays où l'on n'entend plus tousser, Dick Sunshine rit encore.

IX

QUARANTE!

La vie se déroule si bien pour la plupart d'entre nous qu'il semble y avoir très peu de différence entre un anniversaire et un autre ; mais à cette règle il existe une exception brillante et remarquable. Il est un anniversaire où un homme devrait certainement prendre des vacances, se promener tranquillement et s'adonner à un petit inventaire sérieux. Cet anniversaire est bien sûr le quarantième. Le quarantième anniversaire d'un homme est l'un des grands jours de la petite histoire de sa vie ; et il doit en tirer le meilleur parti. Je vis dans une ville qui compte une population relativement maigre. Le nombre de personnes qui atteignent simultanément leur quarantième anniversaire doit être très faible. Mais dans une ville, quelle que soit sa taille, quelques centaines d'habitants doivent chaque jour atteindre une quarantaine. Et si j'habitais dans un tel endroit, je serais tenté d'organiser de temps en temps un service pour les hommes et les femmes qui fêtent leur quarantième anniversaire. Les gens dans cette situation, naturellement impressionnés par la dignité et la solennité de l'occasion, accueilleraient favorablement un tel service, et le prédicateur aurait une chance de semer la graine dans un sol bien préparé et le plus prometteur possible. Le choix d'un texte ne présenterait aucune difficulté. Je peux immédiatement en penser à deux – un dans l'Ancien Testament et un dans le Nouveau – et il doit y en avoir des dizaines d'autres tout aussi appropriés. A quarante ans, un homme entre dans la vie moyenne. Quoi de plus utile alors qu'un court mot inspirant sur un texte comme la prière d'Habacuc : « *Ô Seigneur, ravive ton œuvre au milieu des années, au milieu des années fais-toi connaître !*'

Je me souviens, ce matin, de souvenirs douloureux. De mon temps, j'ai connu à plusieurs reprises cette espèce d'angoisse singulièrement aiguë qui ne nous vient que lorsque nous découvrons une idole chérie en ruines. Des hommes, dont certains étaient des ministres, sur l'intégrité desquels j'aurais volontiers misé tout ce que je possédais, se sont soudain immergés dans la honte et sont sortis en titubant dans l'obscurité. C'est une expérience qui donne à l'homme le sentiment que la terre elle-même tremble sous ses pieds ; cela l'amène à se demander s'il est possible qu'un homme bon soit d'une manière ou d'une autre pris dans une chaude bouffée de diablerie et balayé de ses pieds. Mais ce qui m'a impressionné en comptant tristement ces noms sur mes doigts, c'est que, sans exception, ils étaient tous dans la quarantaine, la plupart au début de la quarantaine. La jeunesse, bien sûr, pèche souvent, et pèche gravement ; mais la jeunesse se rétablit et ressort souvent châtiée et ennoblie par l'amère expérience ; mais je ne me souviens d'aucun exemple d'un homme tombé dans les années quarante et qui se soit jamais vraiment remis. C'est pourquoi, que celui qui croit être debout prenne garde à ce qu'il ne tombe. Je me souviens qu'il y a quelque temps, Sir W. Robertson Nicoll citait un brillant essayiste disant que « les années les plus dangereuses sont les années quarante, les années où les hommes commencent à être riches, où ils ont l'occasion d'assouvir leurs passions, où ils, imaginez peut-être qu'ils ont mené une existence maigre et affamée. Et ainsi, alors que je laisse mon esprit jouer sur ces souvenirs anciens et tristes, et que je réfléchis à la corroboration par l'essayiste de ma propre conclusion, j'imagine que je pourrais prononcer, du plus profond de moi-même, un mot particulièrement opportun et particulièrement pénétrant pour ceux qui venaient d'atteindre leur quarantième anniversaire. Ou, si je sentais que l'occasion était trop solennelle pour qu'on puisse en parler, je pouvais au moins les conduire dans la prière. Et quand je les conduisais en prière, ce serait certainement la prière d'Habacuc : « Ô Seigneur, ravive Ton œuvre au milieu des années ; au milieu des années, fais-toi connaître ! C'est une prière pour le réveil et pour la révélation.

La véritable signification de cette prière réside dans le fait que la tendance suprême de la vie moyenne est vers la prosperité. Les jeunes écrivent de la poésie et deviennent sentimentaux : les vieux aussi. Mais les quadragénaires, jamais ! Un homme de quarante ans serait aussi vite soupçonné de faire les poches de son voisin que d'écrire de la poésie. Il préférait être vu marchant dans la rue sans col ni cravate plutôt que de verser des larmes. Demandez à un groupe de jeunes de sélectionner certains de leurs hymnes ou chansons préférés. Ils appelleront immédiatement des hymnes sur le ciel ou des chants sur l'amour. Les personnes âgées aussi. Mais vous ne persuaderez jamais les personnes d'âge moyen de chanter de telles chansons. Ils sont au stade pratique ou prosaïque de la vie. Le romantisme de la jeunesse s'est dissipé ; le romantisme de l'âge n'est pas arrivé. Ils se situent entre la poésie de l'aube et la poésie du crépuscule. Et à mi-chemin entre la poésie de l'aube et la poésie du crépuscule vient la transpiration haletante de midi. C'est pourquoi, lorsque je me trouverai face à face avec mes fidèles qui sont en train de célébrer leur quarantième anniversaire, je les exhorterai à prier avec le vieux prophète pour qu'au milieu des années, le roman de jeunesse de leur foi première puisse renaître en eux, et qu'au milieu des années, les révélations qui arrivent le soir puissent être délicieusement anticipées.

Cependant, je viens de dire que j'avais un texte alternatif tiré du Nouveau Testament. J'ai l'idée que si mon premier service est un succès, j'en tiendrai un autre ; et, par souci de variété, je m'adresserai à ce deuxième thème. Concernant le tout premier miracle apostolique, il nous est dit expressément et de manière significative que « *l'homme sur qui ce miracle de guérison a été montré avait plus de quarante ans* ». Maintenant, je ne peux pas imaginer pourquoi ce détail est ajouté, à moins que ce ne soit pour dire à ceux d'entre nous qui ont maintenant « plus de quarante ans » que nous ne sommes pas hors de portée du sensationnel. Nous n'avons pas survécu au romantisme du miraculeux. Nous ne sommes pas « trop vieux à quarante ans » pour expérimenter toute la merveille et l'émerveillement de la grâce divine. Et, au moment même où j'écris, j'attends avec confiance l'étincelle qui illuminera les yeux de ces quadragénaires lorsque je leur rappellerai que cet homme avait plus de quarante ans sur qui s'est opéré ce premier triomphe de l'Église.

Mais il y a des choses pires que la propension. Le simple passage de la poésie de la jeunesse à la prose de la vie moyenne ne doit pas en soi nous alarmer. Certains des plus beaux classiques de notre littérature sont écrits en prose. Mais derrière ce péril mineur se cache le germe d'un péril majeur. Le problème est que l'optimisme peut se transformer en pessimisme. Et quand la propension se transforme en pessimisme, le cas du patient est très grave. J'ai entendu un jeune adolescent parler à un homme beaucoup plus âgé de sa foi implicite dans la providence de Dieu. « Oui, dit le doyen avec un sourire sardonique, je parlais comme ça quand j'avais ton âge ! J'ai entendu une jeune fille raconter à une femme assez âgée pour être sa mère le ravissement de l'expérience de son âme. «Ah!» » répondit la dame aînée, « Vous ne parlerez pas comme ça quand vous aurez vu autant de monde que moi ! Nous avons donc enfin mis le doigt sur la tragédie qui nous menace dans les années quarante. Pourquoi ?

La raison n'est pas loin d'être recherchée. Le fait est qu'à quarante ans, un homme doit laisser tomber quelque chose. Il a accumulé toute sa vie jusqu'à devenir vraiment surchargé. Il a maintenu son intérêt pour tout ce qui a occupé son attention dans sa jeunesse ; et, tout au long du chemin, de nouvelles revendications ont été faites contre lui. Sa position dans le monde est beaucoup plus responsable et épuise davantage sa pensée et son énergie. Il s'est marié lui aussi et des enfants sont venus chez lui. Il y a eu des luttes, des maladies et de l'anxiété. Les intérêts se sont multipliés et la vie est devenue plus sérieuse. Mais, en augmentant en gravité, il ne faut pas que cela devienne plus sordide. La vie d'un homme est comme un jardin. Il y a une limite aux choses qui peuvent se développer. On ne peut pas emballer des plantes dans un jardin comme on emballe des sardines dans une boîte de conserve. C'est pourquoi le fermier éclaircit les navets ; c'est pourquoi le verger taille ses arbres ; et c'est pourquoi le laboureur pince les bourgeons des vignes qui traînent. La vie doit être traitée de la même manière. A quarante ans, un homme se rend compte que son jardin est surpeuplé. Il contient toutes les fleurs qu'il a plantées dans sa jeunesse sentimentale et tous les légumes qu'il y a plantés dans sa virilité prosaïque. C'est trop. Il doit y avoir une éclaircie. Et, à moins qu'il ne fasse très, très attention, il constatera que le processus d'éclaircissage consistera automatiquement au sacrifice de toutes les pensées et à la conservation de toutes les pommes de terre.

Maintenant, lorsque je m'adresserai à ma congrégation de personnes qui célèbrent leur quarantième anniversaire, je lancerai un appel le plus fervent en faveur des pensées. Les pommes de terre sont d'excellentes choses, et le jardin devient nettement plus riche lorsque, dans les années vingt et trente, un homme commence à modérer sa passion pour les pensées et à planter quelques pommes de terre. Mais un moment vient où il doit prendre position en faveur des pensées, sinon il n'aura d'âme que pour les pommes de terre. Autour de ses parterres de pommes de terre, qu'il conserve jalousement une bordure de ses plus belles pensées ; et, comptez-y, lorsqu'il aura atteint la cinquantaine et la soixantaine, il sera heureux d'être resté, toute sa vie, fidèle aux premiers penchants de la jeunesse.

Non pas qu'il doive attendre les années cinquante et soixante. Dès qu'un homme a affronté la situation, pris position et pris sa décision, il commence à s'en féliciter. C'est l'une des lois les plus subtiles de la vie. Voyons donc comment cela fonctionne dans un autre domaine. Sir Francis Jeune, le grand juge des divorces, disait que la huitième année était l'année dangereuse dans la vie conjugale. Plus de tragédies se sont produites au cours de la huitième année que dans toute autre année. Et M. Philip Gibbs a récemment écrit un roman intitulé *La Huitième Année* , dans lequel il fait déclarer à l'héroïne que, dans le mariage, la huitième année est l'année fatale.

" "C'est un fait psychologique", a déclaré Madge. "Je le réalise de cette manière. Au cours de la première et de la deuxième années, une femme est absorbée par l'expérience du mariage et par la phase sentimentale de l'amour. Au cours de la troisième et de la quatrième année, elle commence à étudier son mari et à le découvrir. En cinquième et sixième années, après l'avoir complètement découvert, elle fait un compromis avec la vie et essaie d'en tirer le meilleur parti. En septième et huitième années, elle commence à se découvrir. La vie est devenue prosaïque. devenir une cage pour elle. Au cours de la huitième année, elle doit trouver un moyen de s'échapper, de toute façon, n'importe où. Et au cours de la huitième année, la seule grande question est : dans quelle direction ira-t-elle ? alors vient le désastre.

Tout cela semble montrer que la huitième année de mariage est comme la quarantième année de la vie. C'est l'année où le mari et la femme sont appelés à prendre position en faveur des pensées. Et à supposer qu'ils le fassent ? Supposons qu'ils décident que tout ne sera pas sacrifié aux pommes de terre ; ce qui suit? Eh bien, bien sûr, le meilleur suit. Coventry Patmore, dans son *Angel in the House* – le classique de tous les jeunes maris et jeunes femmes – dit que les années qui suivent la huitième sont les plus douces et les plus pleines de toutes. Quoi, demande-t-il...

Pourquoi
avoir la douceur d'une épouse de dix ans, dont l'amour habituel n'est pas sa

passion ou son jeu, mais la vie ? Avec des beautés si mûrement belles, Touchantes, douces et multiples, Que les charmes de jeune fille ne se comparent pas plus Que les pommes vertes aux pommes d'or. Ah, Honoria toujours implorée, Ciel, Quand tu es dans mes bras il m'a donné, Il ne me reste plus rien à donner désormais Sauf la grâce de ressentir le bien que j'ai.

Voilà donc la crise atteinte ; la position prise avec succès en faveur des pensées ; et toute vie plus pleine et plus riche en conséquence pour toujours. Chaque homme et chaque femme de quarante ans est appelé à faire un effort chevaleresque similaire. A quarante ans, nous devenons les chevaliers des pensées, et si nous les laissons partir, nous constaterons qu'à cinquante ans, il sera difficile de trouver ne serait-ce qu'un brin de chagrin d'amour n'importe où.

Que je prenne pour texte la prière du prophète pour un réveil et une révélation au milieu des années, ou l'histoire de l'homme qui avait plus de quarante ans lorsqu'il tomba sous le charme du miraculeux, je sais comment je pourrai le faire. ferme mon sermon. Je terminerai en racontant l'histoire du Dr Kenn et de Maggie Tulliver de *The Mill on the Floss* . Cela convaincra mes auditeurs que les gens dans la quarantaine ont un grand, beau et sacré ministère à exercer. Maggie était jeune et les perplexités de la vie étaient trop fortes pour elle. Le Dr Kenn a été arrêté par l'expression d'angoisse dans ses beaux yeux. Le Dr Kenn n'était lui-même ni jeune ni vieux, mais d'âge moyen ; et Maggie ressentit un soulagement enfantin et instinctif lorsqu'elle vit que c'était le visage du Dr Kenn qui regardait le sien. "Ce visage simple, d'âge moyen, d'une gentillesse grave et pénétrante, semblant parler d'un être humain qui avait atteint un rivage ferme et sûr, mais qui regardait avec une pitié utile les combattants encore ballottés par les vagues, avait un effet sur Maggie à ce moment-là, dont elle se souvint ensuite comme s'il s'agissait d'une promesse. Et puis George Eliot fait cette remarque banale et significative. « Les personnes d'âge moyen, dit-elle, qui ont vécu leurs émotions les plus fortes, mais qui se trouvent encore à l'époque où la mémoire est encore à moitié passionnée et non seulement contemplative, devraient sûrement être une sorte de sacerdoce naturel, que la vie a discipliné. et consacré pour être le refuge et le sauvetage des premiers trébuchants et des victimes du désespoir de soi. La plupart d'entre nous, à un moment donné de notre jeune vie, aurions accueilli un prêtre de cet ordre naturel dans n'importe quelle sorte d'ordre canonique ou non canonique, mais avons dû nous hisser dans toutes les difficultés de dix-neuf sans une telle aide.

Et après avoir entendu cette belle histoire, ma congrégation de gens au seuil des années quarante reviendra de l'église tranquille vers la rue animée en fredonnant les chansons qu'ils chantaient à dix-neuf ans ; jurant que, quoi qu'il arrive, les pommes de terre ne bousculeront pas toutes les pensées ; et se félicitant que le vin le plus riche du calice de la vie attend encore leurs lèvres assoiffées.

X

UNE RAISON DE FEMME

"Veux-tu venir avec moi ?"

«

« « Pourquoi, maman ? »

'" *Parce que!* "'

Je suis tombé sur le passage ci-dessus vers le début de l'une des histoires de Myrtle Reed – *Le violon du maître* – et, vers la fin, j'ai trouvé ceci :

" " Iris, je suis malheureuse depuis que je t'ai dit que j'avais écrit les lettres. "

« « Pourquoi, chérie ? »

'" *Parce que!* "'

Et puis, dans un tout autre livre – *Sweetheart Manette de Maurice Thompson* – je suis tombé sur ceci :

""Pourquoi tu ne peux pas me le dire?" » demanda Rowland Hatch.

" "Je ne sais pas si j'en ai le droit", répondit Manette.

'"Pourquoi?"

'" *Parce que!* "'

Maintenant, ce mot « *parce que* » est très intéressant. «C'est une raison de femme», nous confie Miss Reed. Cela peut être le cas ou non. Je n'en sais rien. Cela ne me regarde pas. Je sais seulement que c'est la raison la plus ancienne, la plus sûre et de loin la plus forte.

En fait, personne ne peut dire pourquoi. Comme le dit Miss Reed dans un autre passage situé à mi-chemin entre les deux cités : « Nous faisons tous des choses pour lesquelles nous ne pouvons donner aucune raison. » Nous les faisons *parce que* . Personne ne peut dire pourquoi il préfère le café au cacao, ou le mouton au bœuf. Il préfère l'un à l'autre *parce que* … Aucun homme ne peut dire pourquoi il a choisi son métier. Il a décidé de devenir médecin ou menuisier *parce que* … Aucun homme ne peut dire pourquoi il est tombé amoureux de sa femme. Ce serait une affectation que de prétendre qu'elle est réellement incomparablement supérieure à toutes les autres femmes sur la surface de la terre. Et pourtant, pour lui, elle est non seulement incomparablement supérieure, incomparablement plus belle et incomparablement plus noble, mais elle est absolument la seule et unique femme sur la planète ou ailleurs. Aucun autre ne nage dans le champ de vision. Elle est la première et toutes les autres femmes ne sont nulle part. Pourquoi? ' *Parce que!* ' Il n'y a pas d'autre raison.

Le fait est que nous nous retrouvons dans une confusion sans fin lorsque nous naviguons dans les mers sombres et mystérieuses qui se trouvent au-delà de ce « parce que ». Neuf fois sur dix, nos conclusions sont inattaquables. Et neuf fois sur dix, nos raisons pour parvenir à ces conclusions sont absurdement illogiques, totalement inadéquates ou grossièrement erronées. Tout le monde se souvient de la fable du coq nain qui assurait à la basse-cour admirative que le soleil se levait chaque matin à cause de son anxiété de l'entendre chanter ! Le fait était incontestable ; le soleil se levait certainement chaque matin. Ce n'est qu'en tentant d'attribuer une raison spécifique à son essor que l'argument s'est effondré. Il est toujours plus sûr de dire que le soleil se lève chaque matin *car* . Les ministres se souviendront au moins de la joie que Hugh Latimer a faite à Master More. Ce brave homme avait été nommé pour enquêter sur la cause des Goodwin Sands. Il rencontra peu de succès dans ses enquêtes. Finalement, il rencontra un vieil homme qui vivait dans le quartier depuis près de cent ans. Le centenaire le savait. Le secret brillait dans ses yeux. Maître More s'approcha du prodige. « Oui, monsieur, répondit le vieil homme, je sais. Tenterden Steeple est la cause de Goodwin Sands ! Je me souviens de l'époque où ils ont construit le clocher. Avant cela, nous n'avions jamais entendu parler de sables, d'appartements ou de bas-fonds au large de ce havre. Ils construisirent le clocher, puis vinrent les sables. Oui, monsieur, Tenterden Steeple est la cause de la destruction de Sandwich Harbour !

Lorsque nous nous éloignons de ce sage mot « parce que » les circonstances semblent malveillantes ; ils conspirent pour nous tromper. Je me souviens d'être passé devant une vitrine à Londres dans laquelle était exposée une machine à coudre. La machine fonctionnait. Une grande poupée était assise à côté, la main sur le volant. La main de la poupée semblait tourner la poignée. En fait, la machine était entraînée électriquement et le volant faisait tourner la main de la poupée. Dans le domaine des causes et des effets, nous sommes souvent les dupes et les victimes d'un système de tour de passe-passe très adroit. La quantité résultante est invariablement claire ; les causes contributives ne sont pas ce qu'elles semblent être.

Je me surprends à croire aujourd'hui à peu près ce que je croyais il y a vingt ans ; mais je me retrouve à croire les mêmes choses pour des raisons différentes. Au fur et à mesure que la vie avance, un homme apprend à avoir de plus en plus confiance dans ses conclusions et à devenir de plus en plus méfiant quant aux raisons qui l'ont conduit à ces conclusions. Si une certaine ligne de conduite lui semble juste, il l'adopte automatiquement et il persiste avec confiance dans cette voie, même après que les raisons qui l'avaient initialement dictée soient devenues suspectes. «Plus d'une fois, lors d'une urgence en mer», déclare le Dr Grenfell, le héros du Labrador, «j'ai rapidement décidé d'une certaine ligne d'action. Si j'avais attendu de mettre ma raison au coin avant d'adopter cette voie, je ne serais pas là pour raconter l'histoire. Nous nous flattons souvent de baser nos conclusions sur nos raisons. En réalité, nous ne faisons rien de tel. L'esprit fonctionne si vite qu'il nous trompe. C'est un autre cas de tour de passe-passe. Encore une fois, c'est la machine qui fait tourner la poupée, et non la poupée qui fait tourner la machine. Nos facultés de réflexion jouent souvent à monter à cheval. On rappelle les lignes de Browning :

Quand je vois des garçons monter un cheval-coq,
j'ai envie de les embarrasser En laissant entendre que leur bâton est un faux cheval, Et qu'ils portent vraiment ce qu'ils disent les porte.

La dure vérité est que nous arrivons d'abord à nos conclusions. C'est le point de départ. Puis, étonnés de notre propre témérité, nous nous empressons d'ajouter quelques raisons comme une sorte d'excuse envers nous-mêmes pour notre propre intrépidité, une concession tardive à la décence intellectuelle et au bon ordre. Mais que nous le reconnaissions ou non, nous faisons la plupart des choses *parce que* … Comme nous le disait Pascal il y a longtemps, « le cœur a des raisons que la raison ignore ». C'est le cœur qui ressent Dieu, pas la raison. Alors qu'il mourait en 1735, le vieux Samuel Wesley se tourna vers son illustre fils John et lui dit : « Le témoin intérieur, mon fils, le témoin intérieur ! C'est la preuve, la plus forte preuve du christianisme ! «Je ne l'ai pas compris à l'époque», dit John, en citant ces mots avec approbation longtemps après. Mais le fond du problème est justement là.

Ma référence au Dr Grenfell me le rappelle. Le bon docteur a été interrogé l'autre jour sur sa foi en l'immortalité. « J'y crois, répondit-il, parce que j'y crois. J'en suis sûr, parce que j'en suis sûr. Précisément! C'est le but. Nous croyons *parce que* . Et puis, forts de notre foi sûre, nous accumulons une prodigieuse avalanche de preuves chrétiennes. Emerson nous parle de deux sénateurs américains qui ont passé un quart de siècle à rechercher des preuves concluantes de l'immortalité de l'âme. Et Emerson termine son histoire en disant que l'impulsion qui a motivé leur longue recherche était en elle-même la preuve la plus solide qu'ils auraient pu avoir. Bien sûr! Même s'ils ne le savaient pas, ils y croyaient déjà. Ils croyaient *parce que* . Et puis, trouvant leur foi nue et honteux, ils se mirent à mendier, à emprunter ou à voler quelques chiffons de raisons pour l'orner. C'est à nouveau le problème du professeur Teufelsdrockh et *de Sartor Resartus* . Tout revient à « Everstanding Yea » de Carlyle. La honte est une fausse modestie ; et l'envie est fausse. La raison d'une femme est la meilleure raison. Au fil des années, nous sommes de moins en moins avides de preuves. Nous nous contentons de croire *parce que* . « Dernièrement, je regardais par la fenêtre », écrivait Martin Luther à un ami de Coburg, « et j'ai vu les étoiles dans le ciel et la grande et belle arche de Dieu au-dessus de ma tête, mais je ne pouvais voir aucun pilier sur lequel le grand Le constructeur avait réparé cette arche ; et pourtant le ciel ne tomba pas, et la grande arche resta ferme. Il y en a qui recherchent toujours les piliers et ont envie de les toucher. Et comme ils ne peuvent pas les toucher, ils tremblent et craignent que les cieux ne s'effondrent. S'ils pouvaient seulement saisir les piliers, alors les cieux tiendraient fermement.

" " Mais comment savez-vous qu'il existe un Christ ? Vous ne l'avez jamais vu ! " dit le pauvre Augustin St. Clare, le propriétaire d'esclaves, à l'oncle Tom, l'esclave.

« Je le ressens dans mon âme, maître, ressens-le maintenant ! Oh, maître, le bienheureux
Seigneur Jésus vous aime ! »

« Mais comment le sais-tu, Tom ? » dit sainte Claire.

« Je le ressens dans mon âme, maître ; oh, maître, l'amour du Christ qui dépasse la connaissance. »

" " Mais, Tom, tu sais que j'ai beaucoup plus de connaissances que toi ; et si je te disais que je ne crois pas à ta Bible ? Cela n'ébranlerait-il pas un peu ta foi, Tom ?

« « Pas un grain, maître ! » Et sainte Claire se sentit portée, par la foi et les sentiments de Tom, presque jusqu'à la porte du ciel.

« J'aime t'entendre, Tom ; et un jour, je parlerai davantage. »

L'argument de l'oncle Tom était après tout le plus fort et le plus convaincant ; si seulement nous tous, argumentateurs, débatteurs et polémistes, pouvions en arriver à le reconnaître. Il croyait *parce que* . Et, maintenant que j'y pense, Miss Myrtle Reed a tort d'appeler cela une raison de femme. C'est un argument divin, le plus ancien, le plus doux et le plus fort de tous les arguments divins. Je disais tout à l'heure qu'un homme aime une femme simplement *parce qu'il* l'aime, et qu'il ne pourrait pas, en mille volumes, donner une explication intelligente et convaincante de sa préférence. Et – permettez-moi de le dire à voix basse et respectueuse – Dieu aime à peu près de la même manière. Écoutez, et laissez-moi lire : « Le Seigneur ne vous a pas aimé parce que vous étiez plus nombreux que n'importe quel peuple, car vous étiez le plus petit de tous les peuples ; mais *parce que* le Seigneur t'a aimé ! Il aimait *parce* qu'il aimait. Il aimait *parce que* .

J'ai donc l'intention de proclamer les magnifiques vérités de l'Évangile chrétien. Je parlerai avec une certitude absolue et une confiance inébranlable du péché de l'homme, de l'amour de Dieu, de la Croix du Christ. Si mon message répond à un « pourquoi » ou à un « pourquoi », je n'ai qu'une seule réponse : « *Parce que !* " Il n'y a rien d'autre à dire. Le pasteur vit pour raconter une merveilleuse histoire d'amour. Et une histoire d'amour n'est jamais discutable. « Dieu a tant aimé le monde qu'il a donné son Fils unique ! » Pourquoi? *Parce que!*

DEUXIEME PARTIE

je

LE HANDICAP

je

C'était un après-midi d'automne ensoleillé. Les feuilles bruissaient sous mes pieds et les premiers jours de l'hiver étaient dans l'air. C'était samedi et j'étais en promenade. Tout à coup, une foule attira mon attention, et, poussé par cette curiosité qu'excite invariablement un tel attroupement, je m'approchai pour voir s'il s'agissait d'un incendie ou d'une bagarre. Ce n'était ni l'un ni l'autre. En m'approchant, j'aperçus des jeunes gens qui allaient et venaient parmi les gens, vêtus de vêtements clairs et multicolores, et je devinai qu'une course était sur le point d'être courue. Presque aussitôt que je suis arrivé, les hommes furent appelés, disposés en une longue file et les préparatifs furent faits pour le départ. Au signal, deux ou trois d'entre eux sautèrent de la ligne et bondirent d'un pas léger le long de la charge. Quelques secondes plus tard, trois ou quatre autres suivirent ; puis d'autres ; jusqu'à ce qu'il n'en reste finalement plus qu'un ; et, après une brève période d'attente, il quitta également la file et se lança à sa poursuite. C'était un handicap, m'a-t-on dit, et cet homme était reparti de zéro. La course devait être longue et il faudrait un certain temps avant que l'un des coureurs puisse revenir. La foule se dispersa donc pour un moment, se divisant en nœuds et en groupes, chacun marchant tranquillement pour passer le temps d'attente selon son propre goût. Je me suis engagé dans un chemin qui menait dans la brousse à flanc de colline et, depuis cette éminence abritée et ensoleillée, j'ai guetté le premier signe des coureurs qui revenaient.

Assis là, sans rien faire, j'ai compris que la scène à laquelle je venais d'assister était le reflet, comme dans un miroir, de toute l'expérience et de tous les efforts humains. La plupart des hommes sont lourdement handicapés ; il ne sert à rien d'ignorer la réalité. Demandez à un homme d'assumer une fonction ou une responsabilité en rapport avec l'Église, et il vous fera immédiatement taire en vous racontant les difficultés qui se dressent sur son chemin. Demandez à un homme de faire partie d'un conseil ou d'un comité pour la gestion d'une entreprise charitable ou philanthropique, et il vous expliquera qu'il n'a pas une minute à perdre. Demandez à un homme de souscrire à quelque objet le plus nécessaire ou le plus méritant, et il vous fera part des exigences incessantes auxquelles il est soumis. Maintenant, il ne sert à rien d'attribuer tout cela à des erreurs. Nous n'avons pas le droit de supposer que ce ne sont là que des excuses boiteuses d'hommes qui, au fond de leur âme, ne désirent pas nous aider. Nous ne devons pas leur lancer à la hâte la malédiction qui est tombée sur Méroz parce qu'elle n'est pas venue en aide au Seigneur contre les puissants. Tout ce qu'ils disent est parfaitement vrai.

Les difficultés qui empêchent le premier de ces hommes d'entreprendre l'œuvre à laquelle vous l'appelez sont à la fois réelles et redoutables ; le deuxième homme a chaque instant de son temps pleinement occupé ; le troisième homme, parce qu'il est connu pour être généreux, est harcelé à mort avec des listes de collecte depuis la première heure du matin jusqu'à la dernière heure du soir. Il ne faut pas juger ces hommes trop sévèrement. Dans le manque de charité de notre cœur, nous imaginons qu'ils nous ont donné des excuses qui ne sont pas des raisons. Le fait est qu'ils ont fait exactement le contraire ; ils nous ont donné des raisons qui ne sont pas des excuses. Nous sommes sur un terrain plus sûr lorsque nous reconnaissons franchement qu'il est très difficile pour de nombreux hommes de consacrer beaucoup de temps, beaucoup d'énergie et beaucoup d'argent au royaume de Dieu. De nombreux hommes sont lourdement handicapés.

II

« Est-ce que ce n'est pas l'un des coureurs qui arrive en vue maintenant ? » » a demandé un ami en désignant la route. Je pensais qu'il avait raison, alors nous nous levâmes et descendîmes tranquillement jusqu'à l'endroit d'où la course avait commencé. Nous avons dû nous tromper, car lorsque nous sortîmes du couloir, il n'y avait aucune trace des concurrents, mais je ne regrettais pas que nous soyons revenus prématurément ; car j'ai remarqué que le handicapeur se promenait paresseusement et j'ai engagé une conversation avec lui.

"Il me semble que cela n'a que très peu de sens dans une course de ce genre", lui ai-je suggéré. « Si ceux qui ont commencé en premier gagnent, l'honneur est bien minime compte tenu du départ qu'ils ont reçu ; tandis que si celui qui est parti le dernier ne parvient pas à gagner, il ne considère pas que ce soit une honte et se console en pensant qu'il était trop lourdement handicapé. N'est-ce pas ?

— Oh non, répondit le handicapeur en cachant poliment sa pitié pour ma simplicité ; 'ça marche juste dans l'autre sens. Ce n'est pas juste, ne voyez-vous pas, de laisser les gars qui ont réussi à s'en sortir les premiers courir toujours seuls dans une classe. Il ne fait pas ressortir le meilleur de ce qu'il y a en eux. Mais aujourd'hui, cela leur fait du bien de sentir qu'ils sont confrontés à certains des meilleurs coureurs de l'État, et ils feront tout leur possible pour tenter de battre les champions. Et cela ne fait aucun mal à un homme comme Brown, qui est parti de zéro, de voir tous ces gars le devancer au départ. Il sait très bien qu'il peut battre n'importe quel homme du pays à égalité, et dans de telles courses, il ne fournira que les efforts nécessaires pour devancer son adversaire. Mais rien ne prouve qu'il ne pourrait pas faire beaucoup mieux encore si son adversaire était plus redoutable. Mais dans une course comme celle-ci, il sait que tout peut arriver. Ses rivaux habituels l'ont tous devancé ; s'il veut défendre sa réputation, il doit battre tous ses records précédents et mettre en jeu toute sa puissance. Ainsi, chaque homme dans la course est mis à rude épreuve. Nous considérons le handicap comme une course très utile !'

« Peut-être », dis-je, me sentant battu, mais essayant faiblement de couvrir ma retraite ; « mais comment calculez-vous les départs et les handicaps exacts que doivent prendre les différents hommes ?

« Ah, dit-il, maintenant vous avez touché à la question vitale. J'ai été satisfait de sa reconnaissance du bon ordre de ma retraite. « Vous voyez, poursuivit-il, nous devons examiner les performances précédentes des hommes et déterminer les différences entre leurs records avec une exactitude mathématique. Mais il y a quelque chose de plus que cela. Il faut connaître les hommes. Vous ne pouvez pas ajuster les handicaps par la règle de trois. Quiconque a vu Jones courir a dû remarquer qu'il est un peu découragé. Il a été battu à chaque fois, et il se lance maintenant dans une course en s'attendant à être battu, et il est donc battu avant de commencer. Il a besoin d'encouragement, et nous devons en tenir compte dans l'aménagement de son handicap. Et puis il y a Smith. Il est trop sûr de lui. Il n'a jamais eu de difficulté à battre des hommes de sa classe. Il a besoin de prendre son courage à deux mains. On augmente donc son handicap en conséquence. Cela demande beaucoup de travail et beaucoup de réflexion, je vous le dis. Mais les voici !

Il n'y a eu aucune erreur cette fois. Un groupe de coureurs apparut d'un seul coup, les officiels prirent place et la foule se rassembla avec enthousiasme. Pendant que nous attendions, les propos que je venais d'écouter prirent une forte emprise sur mon esprit. Les handicaps de la vie ont peut-être été plus soigneusement calculés et conçus de manière plus bénéfique que nous avons parfois été enclins à le supposer.

III

C'était une belle finition. Alors que le premier groupe d'hommes approchait, j'ai été heureux de remarquer que Brown, l'homme en bleu clair, qui avait commencé le dernier, était parmi eux. Peu à peu, il se démarque des autres et, dans un élan magnifique, affirme sa supériorité et remporte la course. Quelques minutes plus tard, j'ai pris le tram en direction de la ville. Au moment où la voiture démarrait, Brown entra également dans la voiture. Je n'ai pas pu résister à l'occasion de le féliciter.

« Cela a dû vous couper le cœur, dis-je, de voir tous les autres s'enfuir devant vous et de vous retrouver livré au dernier ?

« Oh non, répondit-il en riant, c'est un peu un honneur, n'est-ce pas, de voir qu'ils me trouvent tellement meilleur que tout le monde qu'ils croient que j'ai une chance sportive dans de telles conditions ? Et en plus, cela incite quelqu'un à faire de son mieux. Quand on a l'habitude de gagner des courses, ça ne fait pas plaisir d'être battu, même dans un handicap, et pour éviter d'être battu, il faut tout donner.

Je lui ai serré la main et je l'ai quitté. Mais je sentais qu'il m'avait donné autre chose à penser.

"C'est un peu un honneur !" Il avait dit. — Et en plus, ça incite à faire de son mieux !

La prochaine fois qu'un homme me dit qu'il ne peut pas m'aider parce qu'il est lourdement handicapé, quelle histoire je devrai lui raconter !

<h2 style="text-align:center">IV</h2>

Mon expérience du samedi après-midi m'a convaincu que, dans l'Église, nous avons tragiquement mal interprété la signification des handicaps.

"Je suis très lourdement handicapé", dit-on dans l'Église, "donc je ne dois pas tenter cette chose !"

"Je suis très lourdement handicapé", disent-ils lors de leurs sports, "je dois donc y mettre toutes mes forces !"

Et qui peut douter que la philosophie des hommes d'Église soit fausse, ou que la philosophie des sportifs soit saine ? Il y a un grand dicton de Bacon selon lequel tout homme handicapé devrait apprendre par cœur. « Quiconque, dit-il, a quelque chose de fixé dans sa personne qui incite au mépris, a aussi en lui un aiguillon perpétuel pour se sauver et se délivrer du mépris. » Est-ce pour cela que tant des plus grands bienfaiteurs du monde étaient des hommes qui portaient dans leur corps les marques d'affliction physique : cécité, surdité, maladie, etc. ? Ils se sentaient lourdement handicapés et que leur handicap les appelait à un effort suprême « pour se sauver et se délivrer du mépris ».

En parlant de la difficulté qu'éprouve un garçon noir en Amérique à rivaliser avec ses rivaux blancs, Booker Washington nous dit que sa propre lutte pathétique et désespérée lui a appris que « le succès ne se mesure pas tant à la position qu'on a atteinte dans le pays ». vie que par les obstacles qu'il a surmontés en essayant de réussir. Il y a beaucoup de choses là-dedans. J'ai assisté une fois à une réunion d'un certain conseil d'arrondissement, au cours de laquelle un ingénieur devait faire rapport sur une certaine proposition dont les autorités municipales discutaient. L'ingénieur se contenta de constater qu'il y avait de sérieuses difficultés dans l'exécution du plan. Sur quoi le Maire se tourna vers le malheureux ingénieur et lui dit : « Nous vous versons votre salaire, Monsieur l'Ingénieur, non pas pour nous dire que des difficultés existent, mais pour nous montrer comment les surmonter ! J'ai trouvé à l'époque que c'était un reproche plutôt sévère, mais très souvent depuis, lorsque j'ai été tenté de laisser mes handicaps me détourner de mon devoir, j'ai été heureux d'entendre le pauvre ingénieur censuré.

J'ai été un jour profondément et durablement impressionné par le discours d'un président lors d'une réunion à Exeter Hall. Ce noble vieil auditorium était bondé du sol au plafond pour la démonstration missionnaire annuelle de l'Église méthodiste wesleyenne. Le fauteuil était occupé par MWE Knight, de Newark. Au cours d'un appel très sincère en faveur de l'enthousiasme missionnaire, M. Knight est soudainement devenu personnel. «Je suis né dans une atmosphère missionnaire», a-t-il déclaré. « J'y vis depuis ; J'espère que j'y mourrai. Il y a plus de quarante ans, mon cœur a été touché par l'histoire des besoins du monde ; lorsque j'ai entendu des hommes tels que Gervase Smith, le Dr Punshon, Richard Roberts, GT Perks et d'autres, j'ai dit : « Seigneur, me voici, envoie-moi. Je suis arrivé à Londres il y a quarante et un ans en tant que candidat au ministère méthodiste. Je me suis offert, mais l'Église n'a pas jugé bon d'accepter mon offre. Je me souviens très bien d'être venu au collège de Westminster et d'avoir été informé de la décision du comité par ce saint homme, William Jackson. Je me rendis dans la petite chambre dans laquelle j'avais dormi le cœur brisé. Je me méprisais. J'ai été rejeté des hommes et je me sentais abandonné de Dieu. Voici maintenant un homme lourdement handicapé ; mais laissez-le finir son histoire. "Dans ce moment d'obscurité", a poursuivi M. Knight, "la plus profonde obscurité de ma vie, une voix m'est venue qui a influencé ma vie depuis lors jusqu'à maintenant. Ça disait. "Si vous ne pouvez pas y aller vous-même, envoyez quelqu'un d'autre." J'étais alors un pauvre garçon ; Je savais que je ne pouvais pas payer pour que quelqu'un d'autre vienne. Mais le temps passait. J'ai prospéré en affaires. Et ce soir, je déposerai sur l'autel une somme que je souhaite que le comité investisse, et les intérêts de cette somme feront vivre un missionnaire en Afrique, non seulement de mon vivant, mais aussi longtemps que le capital sera capable de rapporter des intérêts. Et, mesdames et messieurs, je vous assure que c'est un jour marquant dans ma vie !'

Bien sûr que c'était le cas ! C'était le jour où il avait utilisé son handicap pour le compte auquel tous les handicaps étaient destinés.

"Mon handicap était un honneur et un stimulant !" dit le champion du tramway.

"Mon handicap était un honneur et un stimulant !" » a déclaré le président d'Exeter
Hall.

Le champion et le président ont fait grâce à leurs handicaps ce qu'ils n'auraient jamais pu faire sans ces handicaps. Cela ne fait aucun doute ; les handicaps ont été conçus, non pas comme de pitoyables excuses pour les indolents, mais comme de magnifiques inspirations pour les courageux.

II

GOG ET MAGOG

Gog et Magog, qu'on le sache bien, sont les deux grands peupliers qui veillent sans cesse près de ma porte. Je déclare ce fait clairement et sans équivoque dès le début afin de mettre un terme, une fois pour toujours, à toutes les controverses et disputes sur ce point fascinant. Les historiens parcourront les volumes lourds et poussiéreux qui jonchent leurs formidables étagères et me diront que Gog et Magog étaient deux géants britanniques célèbres dont les statues grandeur nature, hautes de quatorze pieds, se dressent depuis plus de deux cents ans dans le Guildhall. à Londres. Mais c'est tout ce que les historiens en savent ! Les théologiens, et surtout les théologiens d'une certaine école, me rappelleront que Gog et Magog sont des personnages bibliques. Ne sont-ils pas mentionnés dans la prophétie d'Ézéchiel et dans le livre de l'Apocalypse ? Et puis, regardant gravement leurs lunettes, ces messieurs à l'air savant me demanderont si je pense sérieusement que les écrivains inspirés parlaient de ma paire de hauts peupliers. Je m'empresse d'assurer à ces messieurs nerveux et sans imagination que je propose de ne pas m'engager dans une telle hérésie. Comme Mme Gamp, je ne présumerais pas. Depuis des siècles, ces titres énigmatiques ont fourni à mes excellents amis un terrain pour d'interminables spéculations et pour les exploits d'interprétation les plus ingénieux. Comment aurais-je le cœur d'attribuer exclusivement à ces majestueuses sentinelles qui gardent ma porte les titres qui ont procuré aux interprètes un plaisir sans fin ? J'aimerais autant tenter d'arracher à un garçon sa seule cheville, ou à une fille sa seule poupée, que de me lancer dans une atrocité aussi barbare. Comment pourraient-ils un jour déclarer à nouveau, avec la moindre confiance, que Gog et Magog représentaient un couple particulier de princes ou de potentats si je les anticipais délibérément en repartant avec les deux étiquettes et en les attachant froidement à mes deux peupliers ? La chose est absurde à première vue. Et donc je répète que pour les besoins de cet article, et pour les besoins de cet article uniquement, Gog et Magog sont les deux grands peupliers qui veillent sans cesse près de ma porte.

Les arbres sont des choses très adorables. Nous aimons tous Beaconsfield d'autant plus qu'il était passionnément dévoué aux arbres de Hughenden. Il les aimait tellement qu'il ordonna dans son testament qu'aucun d'entre eux ne soit jamais abattu. Je n'ai donc pas honte de ma tendresse pour Gog et Magog. Ils se tiennent là, à la porte ; l'un d'un côté et l'autre de l'autre. Ce sont d'immenses géants, avec la force et la stature d'un géant, mais avec plus que la grâce d'un géant. D'où que je vienne, ils semblent toujours me saluer dès que j'arrive au détour d'un chemin. Il est toujours agréable quand la maison a quelque chose qui se voit de loin. Le dernier demi-mile sur le chemin du retour est le demi-mile dans lequel le point culminant de la lassitude est atteint. C'est comme la goutte d'eau qui fait déborder le vase. Mais s'il y a une lumière à la fenêtre, ou quelque repère clair qui distingue l'endroit, la vue même de l'objet familier attire le voyageur, et en voyant réellement la maison, il oublie sa fatigue.

C'est une chose très agréable d'avoir deux magnifiques peupliers à votre porte. Ils semblent toujours se tendre, se tendre, se dresser vers le haut pour vous apercevoir pour la première fois ; et ils font paraître la maison plus proche dès que vous les voyez. Gog et Magog sont des êtres tellement sociables. Ils ont toujours quelque chose à vous dire. Il est vrai qu'on ne parle que du temps ; mais c'est de cela dont parlent la plupart des gens. J'aime les voir en août, quand un certain éclat olive recouvre leurs branches et annonce que les hirondelles seront bientôt là. J'aime les voir en octobre, quand ils forment une imposante colonne de verdure, chaque feuille aussi brillante que si elle venait d'être vernie. J'aime même les voir en avril, quand ils jonchent les sentiers d'un bruissement de détritus de bronze et d'or. On me dit que l'hiver arrive, avec ses longues soirées, ses feux crépitants et son insistance sur les attraits superlatifs de la maison. Il ne se lève jamais un jour où Gog et Magog ne valent pas la peine d'être regardés et d'être écoutés.

Mais bien que j'aie parlé de Gog et Magog comme s'ils se ressemblaient comme deux pois, c'est tout le contraire qui se produit. Il n'y a pas deux choses — pas même les deux petits pois — qui soient exactement identiques. Quand Dieu crée une chose, il brise le moule. Les deux pois ne se ressemblent pas au microscope. Macaulay, dans son essai sur Madame d'Arblay, déclare que cet extraordinaire éventail de distinctions dans des limites très étroites est une des choses les plus remarquables de l'univers. « Il n'y a pas deux visages identiques », dit-il, « et pourtant très peu de visages s'écartent très largement du standard commun. Parmi les millions d'êtres humains qui habitent Londres, il n'en est pas un qui puisse être pris par sa connaissance pour un autre ; pourtant, nous pouvons marcher de Paddington au Mile End sans voir une seule personne chez laquelle chaque trait est si surchargé que nous nous retournons pour le regarder. Un nombre infini de variétés s'étendent entre des limites qui ne sont pas très éloignées. Les spécimens qui dépassent ces limites de chaque côté forment une très petite minorité.

Il en va de même pour les arbres. Lorsque vous parcourez pour la première fois une allée de peupliers, vous considérez chaque arbre comme la copie exacte de tous les autres. Il y a certainement une similitude générale, tout comme, dans certains ménages, il y a un air de famille frappant. Mais de même qu'après avoir passé quelques jours dans cette maison, vous ne confondez plus Jack avec Charlie, ni Jessie avec Jean, et vous vous moquez même de vous-même pour avoir toujours été aussi stupide, de même, quand vous apprenez à mieux connaître les peupliers, vous ne suppose plus qu'ils soient tous pareils. On décèle bientôt chez eux les marques de l'individualité ; et si l'on en abattait un et qu'on vous l'apportait, vous pourriez décrire avec une parfaite exactitude les deux arbres entre lesquels il se trouve. C'est particulièrement le cas de Gog et Magog. Un visiteur occasionnel remarquerait, en s'approchant de la maison, que nous avions une paire de peupliers gigantesques devant la porte d'entrée. Il ne lui vient pas à l'esprit de les distinguer. Pour ce qu'il sait, ou pour tout ce qui l'intéresse, Gog pourrait être Magog, ou Magog pourrait être Gog. Mais pour nous, la chose est absurde. Nous les connaissons si bien que nous devrions aussi bien penser à confondre l'un des enfants avec un autre qu'à prendre Gog pour Magog, ou Magog pour Gog. Nous saluons les grands arbres chaque matin en nous levant ; nous les passons avec nos propres salutations mystiques une douzaine de fois par jour ; et, avant de nous coucher le soir, nous aimons jeter un coup d'œil par les fenêtres de devant et voir leurs formes gigantesques se découper majestueusement sur le ciel du soir. Gog est Gog, et Magog est Magog ; et l'idée de confondre l'un avec l'autre semble extrêmement ridicule. Le système solaire est aussi plein de mystères que les valises d'un prestidigitateur ; mais de tous les mystères qu'il renferme, celui de l'individualité est sûrement le plus impénétrable de tous.

« Quelle est la différence entre Gog et Magog ? » quelqu'un veut savoir ; et je suis heureux que quelqu'un ait posé la question, car cela me donne l'occasion de souligner qu'entre Gog et Magog il y a toute la différence du monde. Il y a une différence de circonférence ; il y a une différence de hauteur ; et il y a une différence dans les fibres. Je viens de passer une bande autour des deux arbres. Magog donne une mesure de seulement six pieds ; tandis que Gog fait honte à ces proportions chétives avec un record de sept pieds six pouces. Je n'ai pas tenté de grimper aux arbres ; mais je peux voir d'un coup d'œil que Gog mesure au moins huit pieds de plus que son frère. Ces mesures ne résument pas non plus l'intégralité de l'avantage de Gog. Car vous ne pouvez pas jeter un coup d'œil aux jumeaux sans voir que Gog est incalculablement le plus robuste. Dans le coffre de Magog, il y a une immense cavité dans laquelle un enfant pourrait se glisser et se cacher parfaitement ; mais Gog est sonore comme une cloche. Quiconque a vu grandir côte à côte deux frères : l'un robuste, masculin, viril et plein de santé ; l'autre, chétif, délicat, fragile et menacé de maladie, sait ce que je ressens chaque fois que je passe entre ces deux sentinelles à la porte. Je suis plein d'admiration pour la force glorieuse de Gog ; Je suis touché jusqu'à la tendresse par la relative fragilité du pauvre Magog. Il est étrange que deux arbres du même âge, poussant ensemble dans des conditions exactement identiques, se soient révélés si différents. Il doit y avoir une raison à cela. Y a-t-il? Il y a!

Le fait est que Gog a tout le vent en poupe. J'ai souvent vu la tempête s'abattre sur les deux grands arbres, et c'est grandiose de les observer. Les choses énormes se balancent et se courbent comme des panaches, et parfois on a presque l'impression qu'elles se briseront comme des roseaux sous la furie du souffle. De grandes branches sont arrachées ; des branches plus petites et des tas de brindilles sont éparpillés tout autour comme des soldats blessés sur un champ de bataille âprement disputé ; mais les arbres survivent à la tempête, et vous ne les aimez que mieux. Mais, tout le temps, vous pouvez voir que c'est Gog qui mène le combat. L'assaut effrayant s'abat en premier sur lui ; et la force de l'attaque est brisée au moment où elle atteint Magog. Il se peut que Gog aime beaucoup Magog et, ayant pitié de sa fragilité, cherche à le mettre à l'abri. Cela y ressemble certainement. Mais si c'est le cas, c'est une erreur de gentillesse. C'est justement parce que Gog a dû supporter le poids de tant d'attaques qu'il a enfoncé ses racines si profondément et qu'il est devenu si magnifiquement fort. C'est parce que Magog a toujours été protégé et abrité qu'il est si faible et fait si triste figure à côté de son plus gros frère.

Et maintenant, je me retrouve assis aux pieds de Gog et Magog, non seulement littéralement mais métaphoriquement, et ils commencent à m'apprendre des choses. Ce n'est pas une mauvaise chose de vivre dans un monde où il y a des combats. C'est une bonne chose pour un homme d'être secoué et bousculé. J'imagine que Gog et Magog pourraient dire des choses particulièrement réconfortantes aux parents. La tendance parmi nous est d'essayer d'assurer à nos enfants le genre de vie que mène Magog, cachée, abritée et protégée. Pourtant, personne ne peut jeter un second regard sur le pauvre Magog – sa plus petite taille, sa plus petite circonférence, ses fibres plus douces – sans entretenir les plus sérieux doutes quant à la sagesse d'un choix aussi apparemment réfléchi. Il est tout à fait naturel, et tout à fait honorable au cœur affectueux et à la sollicitude sincère de parents dévoués, qu'ils cherchent à élever leurs enfants comme des plantes de serre, à l'abri des gelées étouffantes et des souffles glacials d'un monde glacial. Mais cela peut être exagéré. Une grande réunion, à laquelle ont participé cinq mille personnes, s'est tenue récemment à Londres pour traiter de la question des esclaves blancs. Et j'ai été très frappé par le fait que l'un des orateurs les plus expérimentés et les plus observateurs – le révérend J. Ernest Rattenbury, de la mission de l'ouest de Londres – a déclaré avec une profonde émotion et une emphase impressionnante que « ce sont les filles qui viennent de *les foyers protégés* qui courent le plus grand péril. Peut-être que je rendrai le service le plus pratique si je présente la vérité autrement. Au lieu de vous attarder autant sur Magog, regardez Gog. Je connais des pères et des mères qui sont enclins à briser leur cœur parce que leurs garçons et leurs filles ont dû quitter les soins protecteurs de leur foyer pour se retrouver dans le tumulte du grand monde. Regardez Gog, je le répète, regardez Gog !

N'est-ce pas Alfred Russel Wallace qui a tenté d'aider un papillon empereur et qui n'a fait que lui nuire par son ministère inconsidéré ? Il rencontra la créature battant des ailes et luttant sauvagement pour forcer son passage à travers le cou étroit de son cocon. Il admirait ses belles proportions, huit pouces du bout d'une aile au bout de l'autre, et trouvait dommage qu'une si belle créature fût soumise à une si dure épreuve. Il sortit donc sa lancette et fendit le cocon. Le papillon sortit aussitôt ; mais ses couleurs glorieuses ne se sont jamais développées. Les ailes montantes ne se sont jamais déployées. Les teintes, les teintes et les nuances indescriptibles qui auraient dû les orner ne sont jamais apparues. Le papillon se glissait d'un air maussade ; tombait sensiblement; et est décédé actuellement. La lutte acharnée avec le cocon était la manière sage de la nature de développer les ailes splendides et d'envoyer les fluides vitaux palpiter à travers le cadre jusqu'à ce que chaque particule rougisse de sa beauté. Le naturaliste avait sauvé la petite créature de la lutte, mais l'avait involontairement ruinée et tuée. C'est à nouveau l'histoire de Gog et Magog.

Quand j'étais à l'université, j'avais l'habitude de me rendre le week-end dans un petit village anglais pittoresque pour diriger les services religieux dans la chapelle du village le dimanche. J'ai toujours été diverti par une petite vieille dame dont le visage me hante encore. C'était tellement humain, et tellement sage, et en même temps tellement beau ; et les boucles blanches de chaque côté complétaient un tableau parfait. Elle habitait dans une modeste petite maison au sommet de la colline. C'était un vieil endroit étrange et délabré, avec des chevrons tordus et des fenêtres à treillis folles. Des roses et du chèvrefeuille grimpaient partout sur le porche, s'éparpillaient le long des murs et se glissaient même sous les avant-toits dans la maison elle-même. Ce qui m'a impressionné lors de ma première visite, c'est le nombre extraordinaire de visiteurs de la vieille Bessie. Le samedi soir, ils venaient l'un après l'autre, jeunes hommes et matrones calmes, vieillards et jeunes filles en voyage, et chacun désirait la voir seule. Elle était très vieille ; elle avait connu la faim et la pauvreté ; le front profondément plissé annonçait de longs et amers ennuis. Elle aussi souffrait beaucoup et luttait quotidiennement contre son impitoyable maladie. Mais, comme le plus robuste des peupliers près de ma porte, elle avait rassemblé en elle la force de tous les vents cruels qui l'avaient frappée si sauvagement. Et le résultat fut que son propre caractère était devenu si fort, si droit et si beau qu'elle était reconnue comme la grande prêtresse de cette campagne anglaise, et tous les hommes et les jeunes filles qui avaient besoin de conseils ou de secours suivaient un chemin battu jusqu'à sa porte ouverte. .

III

MA GARDE-ROBE

Changer d'avis, c'est pour le monde entier comme changer de vêtements. Vous pouvez facilement commettre une erreur, surtout si le processus est effectué dans l'obscurité. Et, en fait, un homme est généralement plus ou moins dans le flou au moment où il change d'avis. L'autre jour, un de mes amis distrait est monté à l'étage pour se préparer à une réception sociale. À la consternation de sa malheureuse épouse, il redescendit vêtu de son vieux costume de jardinier. Un homme peut très facilement se tromper. Avant d'entamer le processus de déshabillage, il doit être sûr de trois choses : (1) Il doit être très clair sur le fait que les vêtements qu'il propose d'enlever ne conviennent pas. (2) Il doit s'assurer que sa garde-robe contient des vêtements plus appropriés. (3) Et il doit être certain que les vêtements pliés qu'il sort du tiroir sont bien ceux qu'il a décidé de porter. C'est également une bonne chose de changer d'avis. Mais il faut faire cela très délibérément, et même avec une précision scientifique, sinon on risque de se rendre parfaitement ridicule. Permettez-moi de produire deux illustrations, une de Boswell, ce qui est bien ; et un de la Bible, ce qui est mieux.

(1) Le Dr Samuel Johnson visitait fréquemment la maison de M. Richardson, le célèbre romancier. Un jour, alors que Johnson était là, Hogarth l'a appelé. Hogarth entama bientôt une discussion avec M. Richardson quant à la justice de l'exécution du Dr Cameron. « Pendant qu'il parlait, il aperçut une personne debout à une fenêtre de la chambre, secouant la tête et se roulant d'une manière étrange et ridicule. Il a conclu qu'il était *un idiot* , que ses relations avaient confié à la garde de M. Richardson, comme étant un homme très bon. Cependant, à sa grande surprise, ce personnage s'est avancé vers l'endroit où lui et M. Richardson étaient assis et a immédiatement repris la discussion. Il déployait une telle puissance d'éloquence que Hogarth le regardait avec étonnement et imaginait même qu'il était *inspiré* . Jusqu'à présent Boswell.

(2) Paul a fait naufrage, comme tout le monde le sait, à Malte. Il ramassait des bâtons pour le feu, lorsqu'une vipère, décongelée par la chair chaude et la flamme ardente, s'attacha à son doigt. Lorsque les indigènes virent le serpent pendu à sa main, ils considérèrent cela comme un jugement et dirent qu'il s'agissait sans aucun doute d'un *meurtrier* . Mais quand ils virent qu'il n'était pas plus mal à cause de la morsure, « ils changèrent d'avis et dirent que c'était *un dieu* !

Hogarth pensait que Johnson était un *fou* . Il a changé d'avis et s'est dit *inspiré* !

Les Maltais pensaient que Paul était un *meurtrier*. Ils ont changé d'avis et ont dit que c'était un *dieu* !

Ils avaient tous tort, et toujours tort. C'est encore une fois le cas de mon pauvre ami distrait. Il était évident que ses vêtements avaient besoin d'être changés, mais il a enfilé le mauvais costume. Il était évident que le verdict de Hogarth sur Johnson devait être révisé, mais il se précipita de Scylla à Charybde. Il était évident que la vision maltaise de Paul avait besoin d'être corrigée, mais ils ont basculé, comme un pendule, d'un extrême ridicule à l'autre. Dans chaque cas, le héros réapparaît, portant les mauvais vêtements. Dans chaque cas, il ne fait que se ridiculiser. Si mon esprit veut changer, je dois être très prudent quant à la manière dont je le fais.

Et, bien sûr, un homme *doit* parfois changer à la fois de vêtements et d'avis — d' *avis* en tout cas. Comment peut-on assister à un spectacle de prestidigitation, par exemple, sans changer cent fois d'avis au cours de la représentation ? Pendant une seconde, vous pensez que la boule de billard disparue est *là*. Puis, en un clin d'œil, vous changez d'avis, et concluez que c'est *là* ! D'abord, vous croyez que, malgré les apparences, le magicien n'a en réalité *pas* de chapeau à la main. Puis, en un éclair, vous changez d'avis, et vous pensez qu'il en a *deux* ! Vous pensez un instant que le tour de passe-passe se fait de *cette* manière, et puis vous devenez certain qu'il se fait de *cette* manière ! J'ai vu un jour à Londres un artiste très intelligent, qui se promenait sur scène, passant à mi-chemin derrière un écran. Et lorsqu'il réapparut de l'autre côté, après avoir été caché à la vue seulement une fraction de seconde, il était habillé différemment. Il est passé derrière le paravent en soldat et en est ressorti policier. Il disparut chasseur, il réapparut ecclésiastique. Il est parti forçat, il est revenu marin. Il a porté une vingtaine d'uniformes en presque autant de secondes.

J'ai commencé par dire que changer d'avis, c'est pour tout le monde comme changer de vêtements. C'est cependant moins fastidieux. Je ne sais pas comment mon ami londonien a réussi à changer de vêtements plusieurs fois en une minute. Mais de nombreux magiciens m'ont fait changer d'avis à un rythme fulgurant. Oui, beaucoup de magiciens. Car l'univers est, après tout, une sorte de magie. La baguette du sorcier fait son merveilleux travail. C'est le type de tour de passe-passe le plus élevé. C'est très étrange et très merveilleux, quelque chose de merveilleux et de mystérieux. Aucun homme ne peut s'asseoir et contempler pendant cinq minutes, les yeux grands ouverts, les mondes de Dieu sans changer d'avis au moins cinq fois. L'homme qui ne change jamais d'avis découvrira bientôt, à sa grande honte, qu'il est drapé dans des haillons intellectuels.

Je pense plutôt que l'illustration de Macaulay est aussi bonne qu'une autre. « Un voyageur », dit-il dans son essai sur Sir James Mackintosh, « tombe avec une baie qu'il n'a jamais vue auparavant. Il le goûte et le trouve doux et rafraîchissant. Il insiste et décide de l'introduire dans son propre pays. Mais au bout de quelques minutes, il tombe violemment malade ; il est convulsé ; il est sur le point de mourir. Bien sûr, il change d'avis, déclare que cet aliment délicieux est un poison, blâme sa propre folie en le goûtant et met en garde ses amis contre cela. Après une lutte longue et violente, il se rétablit et se retrouve très épuisé par ses souffrances, mais libéré des plaintes chroniques qui avaient été le tourment de sa vie. Il change alors encore d'avis, et déclare que ce fruit est un remède très-puissant, qui ne doit être employé que dans les cas extrêmes et avec beaucoup de précautions, mais qui ne doit pas être absolument exclu de la Pharmacopée. Ne serait-ce pas le comble de l'absurdité de qualifier un tel homme d'inconstant et d'incohérent parce qu'il a modifié à plusieurs reprises son jugement ? Bien sûr que ce serait le cas. Un homme ne peut pas passer toute sa vie avec le même costume. Pour deux raisons. Il ne conviendra pas toujours et s'usera. Et précisément de la même manière et pour des raisons identiques, un homme doit parfois changer d'opinion. Il est rafraîchissant de penser à Augustin dressant soigneusement une liste des erreurs qui s'étaient glissées dans ses écrits, afin de pouvoir profiter de chaque occasion pour les répudier et les corriger. Je ne consulte jamais mes exemplaires des grands ouvrages de Mgr Trench sur *Les Paraboles* et *Les Miracles* sans jeter un coup d'œil, toujours avec un air d'admiration, à cette magnifique phrase par laquelle se termine la « Note de l'éditeur » : « L'auteur n'a jamais permis que ses livres soient stéréotypés, afin qu'il puisse les améliorer constamment, et la permanence n'est devenue possible que maintenant que sa main diligente ne peut plus toucher l'œuvre. Cela me semble toujours très bien.

Mais il faut faire la chose avec méthode. Ne me laissez pas me précipiter à l'étage pour changer de vêtements ou d'avis dans le seul but de changer. Je ne dois pas non plus tomber dans le premier costume que je trouve – dans l'une ou l'autre garde-robe. Lorsque je réapparaîtrai, le changement devra s'imposer au respect, sinon à l'admiration, de mes semblables. Je ne veux pas que les hommes se moquent de mon changement comme nous avons ri de ces indigènes maltais, du vieux Hogarth et de mon ami distrait. Je veux être sûr que les vêtements que j'enlève ne sont pas les bons vêtements et que les vêtements que je porte sont les bons.

M. Gladstone a un jour réfléchi de manière très approfondie à toute la question de savoir avec quelle fréquence et avec quelle radicalité un homme peut changer son état d'esprit sans perdre la confiance de ceux qui en sont venus à apprécier ses jugements. Et, grâce à cette réflexion approfondie, le grand homme est parvenu à une demi-douzaine de conclusions très claires et très concises. (1) Il a conclu qu'un changement de cap est très souvent non seulement admissible mais honorable. « Un changement d'avis, dit-il, est un signe de vie. Si vous êtes en vie, vous devez changer. Seuls les morts restent les mêmes. J'ai changé mon point de vue sur une vingtaine de sujets, et mes convictions sur beaucoup d'entre eux. (2) Il a conclu qu'un grand changement, impliquant un clivage social radical, un peu comme un changement de religion, ne devrait certainement pas se produire plus d'une fois dans une vie. (3) Il a conclu qu'un changement important et cataclysmique ne devrait jamais être soudain ou précipité. (4) Il a conclu qu'aucun changement ne devrait être caractérisé par un rejet méprisant des vieux souvenirs et des vieilles associations. (5) Il a conclu qu'aucun changement ne devrait être considéré comme définitif ou digne d'une confiance implicite s'il impliquait pour le converti un gain temporel ou un avantage mondain. (6) Et il a conclu que tout changement, pour imposer le respect, doit être franchement avoué et ne pas être dissimulé, indistinctement ou nié.

Tout cela est bien, en ce sens. Mais même M. Gladstone ne doit pas être trop dur face aux changements soudains et cataclysmiques. Et Saül sur le chemin de Damas ? Et Augustin ce matin-là dans son jardin ? Et frère Laurence et l'arbre sec ? Et Stephen Grellet dans la forêt américaine ? Et Luther dans l'escalier de Pilate ? Et Bunyan et Newton, Wesley et Spurgeon ? Qu'en est-il des histoires racontées par Harold Begbie ? Et qu'en est-il du travail du général Booth ? Le professeur James, dans ses *Variétés d'expérience religieuse*, a beaucoup à dire qui amènerait M. Gladstone à un nouveau changement d'avis concernant la soudaineté surprenante avec laquelle le plus grand de tous les changements peut être précipité.

Et cela aussi, il faut le dire. Tout sage a, enfermé dans son cœur, quelques trésors qu'il ne donnera jamais, ni ne vendra, ni n'échangera. C'est une erreur de supposer que toutes nos opinions sont susceptibles d'être révisées. Ils ne sont pas. Certaines choses sont trop sacrées pour être toujours ouvertes à un examen minutieux et à une enquête. Aucun homme qui se respecte ne passera son temps à s'enquérir de la probité et de l'honneur de sa femme. Il se décide là-dessus lorsqu'il l'épouse ; et désormais cette question est réglée. Il n'est pas ouvert à la révision. Il se sentirait insulté si une enquête lui était proposée. Ce ne sont que les petites choses de la vie que nous remettons éternellement en question. Nous nous reposons avec respect et restons sereinement silencieux sur les choses les plus importantes de toutes. Un homme ne discute pas sur le trottoir de la vertu de sa femme ou du salut de son âme. Les martyrs sont tous morts avec un cœur courageux et un visage matinal, parce qu'ils n'étaient pas prêts à reconsidérer ou à revoir la plus grande décision qu'ils aient jamais prise. Il y a des choses sur lesquelles aucun homme sage ne songerait à changer d'avis. Et il refusera d'envisager un changement parce qu'il sait que sa garde-robe ne contient pas de meilleur vêtement. Il ne sert à rien d'enlever les robes des princes pour revêtir les haillons des pauvres. « Quatre-vingt-six ans que je sers le Christ », s'écria Polycarpe triomphant ; et il monta au ciel dans un tourbillon de fumée et de flammes bondissantes plutôt que de changer d'avis après une si longue et si belle expérience.

IV

« PITOYÉ MA SIMPLICITÉ ! »

C'était une journée d'été étouffante il y a cent cinquante ans, et John Wesley se trouvait sur la route semée d'embûches qui menait à Dublin. «Le vent étant face à mon visage, tempérant la chaleur du soleil, j'ai fait un agréable trajet jusqu'à Dublin. Le soir, j'ai commencé à exposer la partie la plus profonde de l'Écriture Sainte, à savoir la première épître de Jean, par laquelle, entre tous, et même entre tous les écrits inspirés, je conseille à chaque jeune prédicateur de former son style. Voici la sublimité et la simplicité réunies, le sens le plus fort et le langage le plus simple ! Comment quelqu'un qui voudrait parler comme les oracles de Dieu peut-il utiliser des mots plus durs que ceux que l'on trouve ici ? Avec quel extrait éclairant du journal du grand homme nous pouvons le renvoyer, la route de Dublin et le texte à partir duquel il prêchait dans la capitale irlandaise, tous ensemble. Je n'ai plus d'affaires avec aucun d'eux. Ce qui me préoccupe est la déclaration suggestive, faite par le prédicateur le plus expérimenté de tous les temps, selon laquelle *sublime* et *simplicité* vont toujours de pair. Ici, dans cette partie la plus profonde de l'Écriture Sainte, dit le maître, se trouvent ensemble la sublimité et la simplicité. « Par ceci, plus que par tous les autres écrits, je conseille à chaque prédicateur de former son style. Comment quelqu'un qui voudrait parler comme les oracles de Dieu peut-il utiliser des mots plus durs que ceux que l'on trouve ici ? De tels mots provenant d'une telle source sont comme des pommes d'or dans des images d'argent, et je suis reconnaissant d'avoir eu la chance de tomber sur le grand homme lors de cette chaude nuit de juillet à Dublin et de recueillir cette essence distillée de sagesse alors qu'elle tombait de ses lèvres éloquentes. .

Je me suis souvent demandé pourquoi on enseigne aux enfants à prier pour que leur simplicité soit prise en pitié.

Doux Jésus, doux et doux,
Regardez un petit enfant ! Dommage pour ma simplicité ! Permets que je vienne à Toi !

Pourquoi « plaindre ma simplicité » ? C'est la seule chose qui soit vraiment sublime chez un petit enfant, la sublimité et la simplicité étant, comme nous l'avons appris à Dublin, éternellement inséparables. Dommage pour ma simplicité ! Eh bien, c'est la douce simplicité d'un petit enfant que nous admirons, aimons et convoitons tous ! Dommage pour ma simplicité ! Eh bien, c'est la simplicité intacte et sublime de mon petit enfant qui prend d'assaut mon cœur et emporte tout devant lui. Et, croyez-le bien, le cœur du Père divin n'est pas affecté de manière très différente. Cette petite chose douce et adorable en robe blanche qui s'agenouille sur mes genoux, les bras autour de mon cou, en zozotant

Doux Jésus, doux et doux,
Regardez un petit enfant ! Dommage pour ma simplicité ! Permets que je vienne à Toi !

me fait honte par sa sublimité même. Cela me dépasse, me transcende et me laisse loin derrière. Il s'envole tandis que je rampe ; il vole pendant que je rampe. C'est ce que Jésus voulait dire lorsqu'il prit un petit enfant et le plaça au milieu des disciples et dit : « Celui qui s'humiliera comme ce petit enfant, celui-là sera le plus grand dans le royaume des cieux ! Le plus simple, voulait-il dire, est toujours le plus sublime. Et c'est parce que le grand méthodiste avait si parfaitement saisi l'esprit de son grand Maître qu'il déclara avec tant d'assurance ce soir-là à Dublin : « La simplicité et la sublimité sont ici ensemble !

C'est toujours et partout pareil. En littérature, la sublimité est représentée par le poète. Quoi de plus sublime que l'imagination inspirée de Milton ? Et pourtant, et pourtant ! Le plus grand de tous nos critiques littéraires, dans son essai sur Milton, estime qu'il lui incombe de souligner que l'imagination est essentiellement le domaine de l'enfance. « De tous les êtres humains, dit-il, les enfants sont les plus imaginatifs. Ils s'abandonnent sans réserve à toutes les illusions. Chaque image qui se présente avec force à leur œil mental produit sur eux l'effet de la réalité. Aucun homme, quelle que soit sa sensibilité, n'est jamais affecté par Hamlet ou Lear comme une petite fille est affectée par l'histoire du pauvre Chaperon Rouge. Elle sait que tout cela est faux, que les loups ne peuvent pas parler, qu'il n'y a pas de loups en Angleterre. Pourtant, malgré ses connaissances, elle croit ; elle pleure ; elle tremble ; elle n'ose pas entrer dans une pièce sombre, de peur de sentir les dents du monstre sur sa gorge. Et à partir de ces prémisses, Macaulay tire sa conclusion inévitable. « Celui qui, dans une société éclairée et littéraire, aspire à être un grand poète doit, dit-il, devenir d'abord un petit enfant. Il doit détruire toute la toile de son esprit. Il doit désapprendre une grande partie de ces connaissances qui ont peut-être constitué jusqu'ici son principal titre de supériorité. Ses talents mêmes seront un obstacle pour lui. Ses difficultés seront proportionnées à sa compétence dans les activités qui sont à la mode parmi ses contemporains ; et cette compétence sera en général proportionnelle à la vigueur et à l'activité de son esprit. Existe-t-il un commentaire plus fin sur les paroles du Maître ?

« Simplicité et sublime vont toujours de pair ! » » a déclaré John Wesley lors de cette chaude nuit de juillet à Dublin.

« Quiconque s'humiliera comme ce petit enfant, celui-là est le plus grand dans le royaume des cieux ! » dit le Maître en ce jour mémorable en Galilée.

« Celui qui aspire à être un grand poète doit d'abord devenir un petit enfant ! »
dit Lord Macaulay dans son essai incomparable sur Milton.

J'ai soigneusement remis le Maître à son ancienne place. Il est *au milieu* , avec
d'un côté le plus grand de nos apôtres modernes et de l'autre le plus grand
de nos historiens modernes. Mais ils sont tous les trois à dire la même chose,
chacun à sa manière. Il est dommage que nous apprenions à nos enfants que
ce qu'il y a de plus sublime chez eux – leur simplicité – est une chose dont ils
doivent avoir honte. Et la façon dont leurs petites langues trébuchent sur le
grand mot semble montrer que, suivant un véritable instinct, ils n'apprécient
pas cette clause dans leur prière au coucher.

On me dit que, bien au-delà des chaînes Jamais-Jamais, il y a une église dont
les enfants sont exclus avant le début du sermon. J'aurais aimé que mon
informateur ne me parle pas de son existence. Je n'ai pas souvent de
cauchemars, mon dîner étant une affaire plutôt frugale. Mais il m'arrive
parfois de me retrouver victime de la terreur nocturne. Et quand je me suis
réveillé avec miséricorde et qu'on m'a demandé pourquoi je haletais si
horriblement et transpirais si librement, je dois avouer que je rêvais que j'étais
devenu d'une manière ou d'une autre le ministre de cette congrégation sans
enfants. Comme d'habitude après un cauchemar, je regarde autour de moi
avec un sentiment de gratitude inexprimable en découvrant que ce n'était
qu'un horrible rêve. Une nomination à un tel poste serait pour moi une
perspective des plus redoutables et des plus terrifiantes. Je ne pouvais pas me
faire confiance. D'une certaine manière, j'envie l'homme qui peut se défendre
dans de telles circonstances. Ses pouvoirs transcendants lui permettent de
conserver sa robuste humanité de caractère, sa charmante simplicité de
diction, son pittoresque pittoresque de phrase et son comportement exquis
et séduisant sans l'aide étrangère que les enfants apportent à certains d'entre
nous. Mais *je* ne pouvais pas le faire. Je devrais aller en morceaux. Et ainsi,
quand je rêve que je suis entré dans une chaire d'où je ne peux observer aucun
jeune visage espiègle et aucun regard malicieux grand ouvert, je crois que je
suis ruiné et défait. Je regarde avec consternation le petit monde défiler
pendant le cantique précédant le sermon, et je sais que le sermon est voué à
l'échec. Les enfants de la congrégation sont mon salut.

J'imagine que la coutume à laquelle j'ai fait référence était en vogue dans
l'église où exerçait le révérend Bruno Leathwaite Chilvers. Tout le monde
connaît M. Chilvers ; au moins tous ceux qui aiment George Gissing
connaissent cet excellent gentleman. M. Chilvers aimait à orner ses discours
délicats de certains mots au son étrangement grandiloquent. « Nullifidien »,
« morbifique », « renaissant » : ceux-ci figuraient parmi ses favoris. Une ou
deux fois, il parla de « psychogenèse » avec une énonciation emphatique qui
semblait susciter un émerveillement respectueux. En utilisant des mots latins
devenus figés dans la langue anglaise, il corrigeait généralement les erreurs

courantes de quantité et prononçait les mots comme personne ne l'a fait. Il faisait souvent allusion aux auteurs français et allemands pour pouvoir réciter des citations françaises et allemandes. Et ainsi de suite. Pauvre M. Chilvers ! Je suis sûr que les petits enfants ont défilé pendant le cantique précédant le sermon. Aucun homme avec un peu d' imagination ne pourrait regarder le visage fossette d'une petite fille que je connais et lui lancer « nullifidien ». Aucun homme ne pourrait regarder une certaine paire d'yeux pétillants qui me sont merveilleusement familiers et parler de choses comme étant « morbides » ou « renaissantes ». Si seulement les tout-petits avaient gardé leur place pour le sermon, cela aurait évité au pauvre M. Chilvers de commettre de telles atrocités. En l'état actuel des choses, ils sont partis et il s'est effondré. Peut-on imaginer John Wesley parler de « nullifidien » à son public de soirée d'été à Dublin, ou citer l'allemand ? Je ne dirai rien du prédicateur galiléen. Les gens ordinaires *l' écoutaient* avec joie. Il était si simple et donc si sublime. Comme le dit Sir Edwin Arnold :

Les spectacles les plus simples qu'il a rencontrés :
Le Semeur jetant des graines sur de la terre glaise et du rocher ; L'ivraie
dans le blé ; le moutarde, qui a si peu de graines et si peu de rameaux ; et les
brebis errantes ; et des filets lancés dans les eaux fantomatiques, tirant de
gros et de petits poissons, ceux-là et une centaine d'autres, vus par nous
quotidiennement, jamais vus correctement, étaient pour lui des images
tirées de la page de la vie, enseignées par parabole.

C'est là que réside la sublimité de tout cela.

Un petit enfant, surtout un petit enfant d'une propension distinctement agitée et espiègle, est vraiment d'une grande aide pour un ministre, et c'est une honte de priver l'homme bon d'une telle assistance. C'est seulement grâce à une telle aide que certains d'entre nous peuvent espérer se rapprocher du véritable sublime. Lord Beaconsfield avait l'habitude de dire que, lorsqu'il prononçait ses discours après le dîner, il gardait un œil sur les serveurs. S'ils n'étaient pas émus, il savait qu'il était dans la médiocrité. Mais quand ils s'excitèrent et agitèrent leurs serviettes, il comprit qu'il rentrait chez lui. Lord Cockburn, qui fut pendant quelque temps Lord Chief Justice de Grande-Bretagne, lorsqu'on lui demanda le secret de son extraordinaire succès au barreau, répondit sagement : « Lorsque je m'adressais à un jury, je choisissais invariablement le type le plus stupide de la catégorie. beaucoup, et je m'adressai spécialement à lui... pour cette bonne raison : je savais que si je le convainquais, je serais sûr d'emporter tout le reste ! Le Dr Thomas Guthrie, s'adressant aux réunions des ministres, avait l'habitude de raconter cette histoire de Lord Cockburn avec un immense plaisir et recommandait sincèrement sa philosophie à leur considération. Je lisais l'autre jour que le Dr Boyd Carpenter, ancien évêque de Ripon et maintenant chanoine de Westminster, lorsqu'on lui a demandé s'il se sentait nerveux lorsqu'il prêchait devant la reine Victoria, avait répondu : « Je ne m'adresse jamais du tout à la reine. Je sais que la reine, les princes, la maison et les domestiques seront présents jusqu'à la servante de l'arrière-cuisine, et *je prêche à la servante de l'arrière-cuisine* . Les petits enfants n'assistent pas aux dîners politiques comme ceux ornés par Lord Beaconsfield ; ni les tribunaux de justice tels que Lord Cockburn ne sont abordés ; ni de chapelles royales comme celle dans laquelle officiait le Dr Boyd Carpenter. Et, en l'absence des enfants, la seule chance d'atteindre la sublimité qui s'offrait à ces malheureux orateurs était de faire bon usage du serveur, du stupide juré et de la femme de cuisine. Si le révérend Bruno Leathwaite Chilvers ne peut vraiment pas inciter les enfants à abandonner la mauvaise habitude dans laquelle ils ont été formés, je l'exhorte, en tant qu'ami et frère, à adopter le même expédient ingénieux. Mais s'il parvient à se mettre du bon côté d'un petit enfant, à le persuader de ne pas écouter le sermon et à faire le vœu qu'il regardera droit dans les yeux ce petit visage brillant et ne dira aucun mot qui n'intéressera pas ce petit auditeur, je lui promets. que d'ici peu on dira que ses sermons sont tout simplement sublimes. Robert Louis Stevenson savait ce qu'il faisait lorsqu'il discutait de chaque phrase de *Treasure Island* avec son beau-fils d'écolier avant de lui donner sa forme définitive. C'est grâce à ce sage artifice que l'une des plus grandes histoires de notre langue a été écrite.

Le fait est, bien sûr, que dans les moments les plus sublimes de l'âme, elle a soif de simplicité. L'un des grands dessins animés *Punch de Du Maurier* représentait une conversation de lune de miel entre un mari et sa femme qui s'étaient tous deux couverts de gloire à Cambridge. Et la conversation s'est déroulée dans ce sens hautement intellectuel :

« Que ferait Lovey si Dovey mourait ? »

"Oh, Lovey mourrait aussi!"

Il y a tout un monde de philosophie derrière ces absurdités. On ne fait pas l'amour dans le langage du psychologue ; on fait l'amour dans le langage du petit enfant. Lorsque la vie s'approche du sublime, elle s'exprime toujours avec simplicité. Au plus profond de l'angoisse mortelle, ou au paroxysme de la joie humaine, nous n'utilisons pas une phraséologie grandiloquente et incompréhensible. Nous parlons en monosyllabes. À mesure que nous vieillissons et que nous nous rapprochons des portes du tombeau, nous devenons de plus en plus simples. Dans ses dernières années, John Newton écrivait : « Quand j'étais jeune, j'étais sûr de beaucoup de choses. Il n'y a que deux choses dont je suis sûr maintenant ; l'une est que je suis un misérable pécheur, et l'autre que Christ est un Sauveur tout-suffisant. Qu'est-ce que cela, sinon l'âme se revêtant des plus parfaites simplicités comme du seul vêtement convenable dans lequel elle peut saluer les sublimes éternelles ?

"Voici sublime et simplicité réunies !" s'est exclamé John Wesley lors de cette chaude nuit de juillet à Dublin. « Comment quelqu'un qui voudrait parler comme les oracles de Dieu peut-il utiliser des mots plus durs que ceux que l'on trouve ici ? Par cela, je conseille à chaque jeune prédicateur de former son style !'

« Celui qui aspire à être un grand poète, aussi sublime que Milton, doit d'abord devenir un petit enfant ! déclare le plus grand de tous les littérateurs.

« Quiconque s'humiliera comme ce petit enfant, celui-là sera le plus grand dans le royaume des cieux ! » dit le Maître lui-même en prenant un petit enfant et en le plaçant au milieu d'eux.

« *Dommage pour ma simplicité !* " plaide cette petite chose avec ses bras doux autour de mon cou.

' *Donnez-moi cette simplicité !* " dis-je.

V

ACCORD DEPUIS LA BASSE

Je suis sur le point de dire un bon mot pour la peur. La peur est une belle chose, une très belle chose ; et le monde serait pauvre sans cela. La peur était l'une de nos infirmières les plus fermes mais les plus douces. La terreur était l'un de nos professeurs les plus sévères mais les plus gentils. Un homme très sage a dit un jour que la crainte du Seigneur est le début de la sagesse. Il aurait pu laisser de côté le nom auguste et saint, et néanmoins énoncer un fait formidable ; car la peur est toujours le début de la sagesse.

"Pas de peurs, pas de grâce!" dit James, dans la deuxième partie du *Pilgrim's Progress* , et M. Greatheart semblait à peu près du même avis. Ils parlaient du pauvre M. Fearing.

'M. La peur, dit Grand-Cœur, était celle qui jouait sur la basse. Certains disent que la basse est la base de la musique. La première corde que le musicien touche est la basse, lorsqu'il entend mettre le tout au diapason. Dieu joue également sur cette corde en premier, lorsqu'Il met l'âme en accord avec Lui-même. Seulement ici était l'imperfection de M. Fearing : il ne pouvait jouer sur aucune autre musique que celle-ci, jusqu'à sa dernière fin.

Nous avons donc ici le principe énoncé aussi bien qu'il est possible de l'énoncer. Vous devez accorder à partir de la basse, car la basse est la base de la musique. Mais vous devez vous élever des basses, comme un bâtiment doit s'élever de ses fondations, sinon la musique ne sera qu'un gémissement et un ton monotone. La crainte du Seigneur est le commencement de la sagesse ; mais la sagesse qui ne va pas plus loin est comme une musique qui gronde et résonne dans une basse éternelle.

Mais la meilleure exposition de la valeur inestimable de la peur n'est pas celle de John Bunyan. C'est de Jack London. *White Fang* est la plus grande histoire de la vie intérieure d'un animal qui ait jamais été introduite dans notre littérature. Et Jack London, qui semble s'être plongé dans l'âme même d'un loup, nous montre comment le merveilleux personnage de White Fang a été façonné et façonné par la peur. Il y avait d'abord la simple peur physique de la Douleur ; la peur de blesser son tendre petit nez alors que le petit ourson gris explorait les recoins sombres de la tanière ; l'horreur de la patte de sa mère qui le frappait à chaque fois qu'il s'approchait de l'entrée de la grotte ; et, plus tard, la peur de la berge escarpée, apprise par une chute terrible ; la peur de l'eau qui cède, apprise en essayant de marcher dessus ; et la peur du bec du lagopède et des dents de la belette, apprises en pillant leurs nids respectifs.

Et à la peur physique de *la Douleur* est venue la peur révérencielle du *Pouvoir*. « Sa mère représentait le pouvoir », dit Jack London, « et à mesure qu'il grandissait, il ressentait ce pouvoir dans l'avertissement plus aigu de sa patte, tandis que le coup de coude réprobateur de son nez faisait place à l'entaille de ses crocs. C'est pour cela qu'il respectait sa mère. Et ensuite, lorsqu'il rencontra les Peaux-Rouges et vit des hommes pour la première fois, une peur encore plus grande l'envahit. Voilà des créatures qui obligeaient les bâtons et les pierres à leur obéir ! Ils lui apparaissaient comme des dieux et il sentait qu'il devait les adorer et les servir. Et plus tard encore, lorsqu'il vit des hommes blancs vivre, non pas dans des wigwams, mais dans de grands palais de pierre, il trembla comme il n'avait jamais tremblé auparavant. C'étaient des dieux supérieurs ; et, comme tout le monde le sait, Croc-Blanc est passé de la crainte à leur connaissance, et de leur connaissance à leur amour. Et finalement, il devint leur esclave affectueux et dévoué. Il est vrai que la peur n'était pour Croc Blanc que *le début* de la sagesse ; mais c'est précisément ce que dit Salomon. Ensuite, le brave vieux loup apprit l'intrépidité ; mais les premières leçons enseignées par la peur étaient encore d'une valeur inestimable, car au courage ils ajoutaient la prudence ; et le courage allié à la prudence est irrésistible.

Nous vivons une époque merveilleusement douce et douce ; et Fear, le vieux maître d'école sévère, est considéré avec suspicion. Il est curieux de voir comment nous renversons les modes de nos ancêtres. Nous affichons avec un abandon éhonté ce qu'ils ont voilé dans une pudeur rougissante ; mais on se rattrape en cachant ce qu'ils n'ont pas hésité à exhiber. Nos dents, par exemple. De nos jours, montrer ses dents est considéré comme une profonde inconvenance, sauf dans le sens où les actrices les montrent sur des cartes postales. Mais nos ancêtres n'avaient pas peur de montrer les dents et, en conséquence, ils se faisaient craindre, honorer et aimer. Oui, craint, honoré et aimé ; car je doute sérieusement qu'un homme ait jamais appris aux autres à l'honorer et à l'aimer, s'il ne leur avait pas d'abord appris à l'occasion à le craindre.

La meilleure illustration de ce que je veux dire se trouve dans l'histoire du mouvement irlandais. Dans la politique du siècle dernier, il n'y a rien de plus dramatique, rien de plus pathétique et rien de plus tragique que l'histoire de l'ascension et de la chute de Parnell. Les chapitres tendus et vivants de Lord Morley sur cette phase de l'art moderne sont bien plus passionnants et bien plus touchants qu'un nombre similaire de pages de n'importe quel roman en langue anglaise. Nous n'avons pas besoin de nous inquiéter de la chute tragique du dirigeant irlandais. Mais comment expliquer l'ascension fulgurante de Parnell et le pouvoir phénoménal qu'il exerçait ? Pendant des années, il fut la figure la plus efficace de la politique britannique. Il n'y a qu'une seule explication ; et c'est l'explication sur laquelle pratiquement tous les historiens de cette époque s'accordent. Charles Stewart Parnell a fait du premier article de son credo qu'il devait se faire craindre. Son prédécesseur à la direction du parti irlandais était Isaac Butt. M. Butt croyait à la conciliation. Il s'oppose à « une politique d'exaspération ». Il pensait que si les Irlandais présents à la Chambre faisaient preuve de patience et considéraient la commodité des deux grands partis politiques, ils feraient appel au bon sens du peuple britannique et assureraient le succès de leur cause. Et en retour – pour citer la vie de M. Winston Churchill sur son père – les deux grands partis traitèrent M. Butt et les membres irlandais avec « cette forme de respect qui, étant dépourvue de l'élément de peur, s'apparente étroitement au mépris ». ' Alors surgit Parnell. Il estimait que les Irlandais devaient devenir la terreur de la nation. Ils doivent embarrasser et semer la confusion chez les dirigeants anglais et déstabiliser toute la machine politique des deux partis. Et en quelques mois, M. Parnell fit de la question irlandaise la question suprême dans l'esprit de la nation et devint pendant des années la personnalité la plus détestée et la plus aimée de l'horizon parlementaire. Personne qui connaît l'histoire de cette époque troublée ne peut en douter, mais sans le naufrage moral du Parnell, un naufrage qui a failli briser le cœur de M. Gladstone, toute la question irlandaise aurait été réglée, pour le meilleur ou pour le pire, il y a vingt ans. Je ne parle pas ici des mérites ou des démérites de sa cause ; mais tous ceux qui ont lu *La Vie de Gladstone de Lord Morley ou La Vie de Parnell* de M. Barry O'Brien ont dû être impressionnés par ce tableau saisissant et dramatique d'un homme solitaire et extraordinaire épousant une cause apparemment désespérée, choisissant délibérément la peur comme arme de son combat. guerre, et menant réellement sa petite bande de partisans étonnés en vue de la victoire.

Il est ridicule de dire que la peur n'a aucune valeur morale. Chaque fois que j'entends cette affirmation, mon esprit revient invariablement à une grande histoire racontée par Sir Henry Hawkins dans ses *Réminiscences* . Il raconte ses expériences sous la direction du juge Maule et vante la perspicacité judiciaire de ce juge. Dans une certaine affaire de meurtre, un garçon de huit ans fut appelé à témoigner, et l'avocat s'opposa à ce qu'un témoin aussi jeune soit entendu. Le juge Maule réfléchit une minute, puis fit signe au garçon de s'asseoir sur le banc.

« J'aimerais savoir », observa Son Honneur, « ce qu'on vous a appris à croire. Que deviendrez-vous, mon petit garçon, lorsque vous mourrez, si vous êtes assez méchant pour mentir ? »

« « Le feu de l'enfer ! » » répondit le garçon avec une grande promptitude.

« Mais voulez-vous dire, poursuivit le juge, que vous iriez en enfer pour avoir menti ? »

« « Le feu de l'enfer, monsieur ! » » répondit encore le garçon.

« À plusieurs questions similaires, le garçon a fait la même réponse terrible.

" "Il ne semble pas compétent", a déclaré l'avocat.

« Je vous demande pardon », répondit le juge. "Ce garçon pense que pour chaque faute volontaire, il ira dans le feu de l'enfer; et il est très probable, même s'il croit que cette doctrine est la plus stricte dans son observance de la vérité. Si vous et moi croyions que telle serait la punition pour chaque acte de mauvaise conduite que nous avons commis, nous devrions être de meilleurs hommes que nous ne le sommes. Que le garçon prête serment ! »

Sir Henry Hawkins raconte l'histoire avec une approbation évidente, de sorte que nous avons ici le témoignage précieux de deux juges éminents sur la valeur morale de la peur d'un point de vue purement judiciaire. Bien entendu, la valeur n'est ni stable ni permanente. La bonté qui naît de la peur est comme la docilité d'un tigre terrifié, ou la volonté d'un loup de laisser le cerf indemne alors que tous deux s'enfuient devant un feu de prairie. Une fois la peur passée, la soif de sang reviendra. Mais ce n'est pas le sujet. Personne n'a dit que la peur était la sagesse. Ce que le sage a dit, c'est que la peur est *le début* de la sagesse. Et en tant que commencement de la sagesse, elle a une certaine valeur initiale et préparatoire. Plus tôt le début sera développé et porté à son point culminant, mieux ce sera bien sûr. Mais en attendant, un début est quelque chose. C'est un pas dans la bonne direction. C'est l'apprentissage de l'alphabet. C'est le gage et la promesse de beaucoup de choses à venir.

Or, si l'Église refuse d'employer cette arme puissante, elle est très stupide. Un début n'est qu'un début, mais c'est un début. Si nous ignorons l'élément de terreur, nous renonçons délibérément à une force qui, dans la nature et dans le monde, a une valeur et une importance vraiment de premier ordre. Je ne dis pas maintenant que le ministère manquerait à sa haute vocation s'il ne mettait pas en garde les hommes avec gravité et avec larmes. C'est une question d'un caractère tellement sacré et solennel que j'hésite à y toucher ici ; bien qu'il soit évident que, quelle que soit la méthode d'interprétation imaginable, il y a une terrible note d'urgence dans le Nouveau Testament qu'aucune chaire ne peut refuser, sans grave responsabilité, de faire écho. Mais je me contente de souligner ici que, d'un point de vue purement tactique, l'Église serait très insensée de repérer cette arme précieuse. L'élément peur est l'une des grandes passions primitives, et c'est à tous ces éléments humains fondamentaux et profonds que l'Évangile fait appel de manière particulière. Et les craintes des hommes doivent être excitées. La musique ne peut pas être uniquement composée de basses ; mais la note basse ne doit pas être absente, sinon la musique sera gâchée.

Il y a encore ceux qui, loin d'être des lâches, peuvent, comme Noé, être « poussés par la peur » à sauver leur maison. Le cardinal Manning raconte dans son Journal comment, lorsqu'il était enfant à Tetteridge, il lisait encore et encore l'histoire du lac qui brûle de feu. « Ces paroles, dit-il, se sont fixées dans mon esprit et m'ont maintenu, en tant qu'enfant, adolescent et homme, au milieu de tous les maux. Je leur dois plus qu'on ne le saura jamais jusqu'au dernier jour. Et l'archevêque Benson avait l'habitude de parler d'un ouvrier qui était vu en train de regarder une pancarte annonçant une série d'adresses sur « Les quatre dernières choses ». Après avoir lu l'annonce, il s'est tourné vers un compagnon et lui a demandé : « Où serions-nous, vous et moi, sans l'enfer ? Et l'archevêque se demandait si, si nous abandonnions l'appel légitime à la peur humaine, nous n'aurions pas besoin d'un autre motif dans notre prédication pour occuper la place vacante.

Je sais bien sûr que tout cela peut être mal interprété. Mais les sages comprendront. Le naturaliste ne m'en voudra pas, car la peur est la vie de la forêt. L'humanitaire ne peut prononcer aucun mot de censure, car la peur est intensément humaine. Mais le prédicateur qui frappe cette note grave et profonde doit la frapper avec beaucoup d'âme. Aucun homme ne devrait pouvoir parler de telles choses sans un sanglot dans la gorge et les larmes aux yeux. Nous devons avertir les hommes de fuir la colère à venir ; mais cette colère est la colère d'un agneau. Andrew Bonar a dit un jour à Murray McCheyne qu'il venait de prêcher un sermon sur l'enfer. — Et avez-vous pu le prêcher avec tendresse ? McCheyne s'enquit mélancoliquement. La peur fait partie de cet instrument merveilleux sur toutes les cordes dont le ministre est parfois appelé à jouer ; mais cette corde doit être touchée avec des doigts tremblants.

Aucune erreur ne peut être plus fatale que d'opposer cet aspect des choses à des thèmes plus attrayants. Toute vérité est liée. Il y a quelques années, en Écosse, un train express s'est arrêté brusquement dans un virage lors d'une grande inondation. Juste devant le train se trouvait un gouffre rugissant d'où le viaduc avait été emporté. Juste derrière le train se trouvait le corps mutilé de la jeune fille qui avait prévenu le conducteur. *Impossible de comprendre ce sacrifice couché juste derrière le fourgon du garde à moins d'avoir vu le gouffre béant juste devant le moteur !*

"Pas de peurs, pas de grâce!" » dit James.

« Et j'ai fait très attention à cela, » dit M. Grand-Cœur, « que la Vallée de l'Ombre de la Mort était aussi calme pendant que M. Fearing la traversait que jamais je l'ai connue avant ou depuis ; et quand il arriva à la rivière sans pont, je remarquai ce qui était très remarquable ; l'eau de cette rivière était plus basse à cette époque que je ne l'avais jamais vue de toute ma vie. Alors il est finalement allé là-bas, à peine chaussé de chaussures mouillées.

La peur avait fait son œuvre, et elle l'avait bien fait. Les notes de basse s'étaient révélées être le fondement d'une musique qui se confondait enfin avec les harmonies mêmes du ciel. La peur, même avec White Fang, a conduit à l'amour ; et l'amour parfait chasse la peur.

VI

UNE DÉPUTATION SANS FRUIT

C'était en Nouvelle-Zélande et j'assistais à ma première conférence. J'étais entré dans le ministère chrétien seulement un mois ou deux plus tôt. Je redoutais l'Assemblée de mes graves et révérends aînés. Avec une modestie convenable, je me glissai discrètement dans le hall et occupai une banquette arrière. Cependant, de cette retraite bienvenue, j'ai été rudement convoqué pour recevoir la main droite de la camaraderie du président. Puis je me suis replongé dans les ténèbres extérieures de l'oubli et de l'obscurité. Je suis resté là jusqu'à ce qu'une fois de plus je sois électrisé au son de mon propre nom. Il semblait que les chagrins des dissensions s'étaient emparés d'une petite église située dans un district reculé de la brousse. L'un des membres les plus anciens et les plus vénérés, père d'une très grande famille et chef de la petite confrérie, avait laissé entendre son intention de se retirer de la communion fraternelle et de rejoindre une autre dénomination. Cette formidable sécession avait plongé la petite congrégation dans une confusion impuissante, et un appel fut interjeté devant les tribunaux de la dénomination. La lettre fut lue ; et le secrétaire a exposé brièvement et succinctement les faits de la situation. Et puis, à mon grand étonnement, il a terminé en proposant que M. William Forbury et moi-même soyons nommés une députation pour visiter le district, conseiller l'Église et faire rapport à la Conférence. M. Forbury, a-t-il expliqué, était père en Israël. Ses cheveux gris imposaient le respect ; tandis que sa vaste expérience et son bon jugement seraient d'une valeur inestimable pour la petite communauté en difficulté. Jusqu'ici, tout va bien. Son raisonnement semblait irrésistible. Mais il a poursuivi en disant qu'il avait inclus mon nom parce que j'étais un parfait inconnu. Je ne savais rien des conflits internes qui avaient déchiré l'église. Ma fraîcheur même me donnerait une position d'impartialité à laquelle les hommes plus âgés ne pourraient prétendre. De plus, affirmait-il, la visite d'une congrégation de brousse et la compréhension de ses difficultés particulières seraient pour moi une expérience utile. Je sentais que je ne pouvais décemment pas refuser ; mais je m'attendais avec confiance à ce que la proposition soit contestée et probablement rejetée. Cependant, à mon grand étonnement, cette proposition a été appuyée et adoptée. Et il ne restait plus qu'à convenir avec M. Forbury de la date de notre délégation.

Le jour est venu et nous sommes partis. Il n'a fallu que quatre heures au train pour nous conduire à la gare isolée d'où nous avons émergé sur un désert de buissons verts et un labyrinthe de voies boueuses. M. Forbury avait fréquemment visité le district et le connaissait bien. Nous avons rendu visite à plusieurs colons au cours de l'après-midi, prenant le dîner avec l'un et le thé l'après-midi avec un autre. Et puis nous nous sommes rendus au domicile du sécessionniste. L'endroit semblait vivant avec des jeunes. La maison grouillait d'enfants.

« Comment vas-tu, John ? » demanda mon compagnon.

« Ah, William, content de vous voir ; comment vas-tu?'

Ils ont fait une étude intéressante, ces deux vieillards. Leurs formes ont été déformées par de longues années de labeur dur et honorable. Leurs visages étaient rudes et burinés, ridés par l'âge et creusés par le soin. Ils étaient sortis ensemble de la Patrie il y a des années et des années. Ils avaient porté les fardeaux les uns des autres et partagé leurs confidences tout au long de leur pèlerinage. Leurs pensées mutuelles se mêlaient à tous les souvenirs de leurs fréquentations, de leurs mariages et de leurs luttes antérieures. Mille associations tendres et sacrées s'entrelaçaient, dans l'esprit de chacun, avec le nom de l'autre. Quand la fortune leur avait souri, ils s'étaient réjouis de la prospérité de chacun. Dans les temps d'ombre, chacun s'était précipité aux côtés de l'autre. Ils avaient marché ensemble, parlé ensemble, ri ensemble, pleuré ensemble et – très, très souvent – prié ensemble. Ils étaient comme David et Jonathan, et l'âme de l'un était liée à l'âme de l'autre. Des centaines de fois, avant que chacun vienne s'installer dans ce nouveau quartier, ils s'étaient rendus en compagnie à la maison de Dieu. Et maintenant, une question de doctrine était intervenue. Et pour de tels hommes, une question de doctrine est une question de conscience. Et une question de conscience est le plus tenace de tous les obstacles à surmonter. J'ai regardé leurs visages sévères et expressifs et j'ai vu qu'ils n'étaient pas des bagatelles. Une mode n'avait de charme ni pour ni l'un ni l'autre. Ils se regardèrent en face et chacun lut la vérité. La rupture était irréparable.

Nous nous sommes assis dans la grande cuisine de la ferme jusqu'à l'heure du thé. Je sentais que ce n'était pas mon affaire d'aborder les affaires qui nous avaient amenés. Plusieurs fois, j'ai cru que M. Forbury était sur le point d'aborder la question. Mais chaque fois, on l'évitait adroitement, et la conversation s'écartait dans une autre direction. Une ou deux fois, je me suis senti à moitié enclin à précipiter une discussion. En effet, j'étais en train de le faire lorsque notre hôtesse m'a apporté le thé. Un torchon enneigé, des scones faits maison, un délicieux gâteau à l'avoine, une abondance de crème, comme tout cela était tentant ! Et quelle controverse ecclésiastique peu attrayante en comparaison ! Nous sommes restés assis là, au crépuscule, pendant ce qui semblait être une éternité, à parler de tout ce qui se passait sous le soleil. De tout, c'est-à-dire ne garder qu'une chose. Et la conscience que nous évitions le seul et unique sujet sur lequel nous réfléchissions tous réellement et profondément planait lourdement sur nos esprits.

Après le thé, vint le culte familial. J'ai été invité à le diriger et je l'ai fait. Après avoir lu un psaume de la vieille Bible agricole, nous nous sommes tous agenouillés ensemble, les flammes vacillantes du grand feu de bois projetant d'étranges ombres sur le mur blanchi et les chevrons tandis que nous nous levions et nous inclinons. Je me suis surpris à essayer, même dans la prière, de faire une référence obscure mais appropriée aux circonstances particulières qui nous avaient réunis. Mais la réticence de mon compagnon était contagieuse. C'était comme une bride sur ma langue. La tristesse de tout cela me hantait et paralysait ma parole ; et je m'écartai de nouveau à chaque allusion menacée. Nous restâmes assis un moment, eux de chaque côté de la grande cheminée, et moi entre eux, pendant que la bonne femme et ses filles lavaient le thé. Le fracas des plats et le bruit des nombreuses voix nous empêchaient de parler librement du sujet qui nous tenait le plus à cœur. Enfin nous nous levâmes pour partir. J'ai remarqué, de la part de mes deux vieux compagnons, une singulière répugnance à se séparer. Chacun avait envie, mais redoutait, de parler. Il y avait évidemment tant de choses à dire, et pourtant parler semblait si désespéré.

Finalement, notre ami nous a dit qu'il ferait quelques pas avec nous. Nous avons dit au revoir à la grande maison et sommes partis dans la nuit.

Je n'oublierai jamais cette promenade ! C'était une soirée claire et glaciale. Le clair de lune était radieux. Chaque brindille était recouverte d'argent. Le plus petit objet pouvait être vu distinctement. J'observais les lapins qui entraient et sortaient timidement des grandes haies d'ajoncs. Un lièvre traversa le champ en courant. J'ai senti tout d'un coup que j'étais un intrus. De quel droit avais-je le droit d'être en compagnie de ces deux frères âgés au moment même où leur amitié de toujours était en crise ? Aucune conférence sur terre ne pourrait me confier l'autorité d'envahir cette terre sainte ! J'ai trouvé une excuse et j'ai continué mon chemin en marchant un peu devant eux. Mais la nuit était si calme que, même à cette distance, si un mot avait été prononcé, j'aurais dû l'entendre. Je pouvais entendre le bruit des sabots sur la route dure à deux milles plus loin. J'entendais les chiens aboyer dans une ferme deux fois plus loin. J'entendais un lapin crier dans un piège à l'orée du buisson, loin derrière nous. Mais je n'ai entendu aucun mot. Car rien n'a été prononcé. Côte à côte, ils marchaient encore et encore dans un silence parfait. Une fois, je me suis arrêté et je leur ai permis de s'approcher. Ils pleuraient comme des enfants. Vieux puritains sévères ! Ils ont été construits avec l'étoffe dont sont faits les martyrs. L'un ou l'autre serait mort cent fois plutôt que d'avoir trahi la conscience, ou la vérité, ou l'autre. L'un ou l'autre serait mort cent fois pour sauver l'autre d'une seule. Ni l'un ni l'autre ne pouvait être persuadé ou intimidé de trahir un seul mot ou un trait du plus beau trésor de son cœur. Et chacun savait, tout en tremblant pour lui-même, que tout cela était aussi vrai pour l'autre. Côte à côte, ils marchèrent pendant des kilomètres dans ce clair de lune pâle et argenté. Pas un mot n'a été prononcé. Le chagrin avait paralysé leurs capacités vocales ; et leurs yeux ruisselaient d'une autre éloquence. Ils se tordirent longuement les mains et se séparèrent sans même se dire bonsoir !

A la Conférence suivante, ce fut le membre le plus jeune de la députation qui présenta le rapport. Il a simplement déclaré que la délégation avait visité le quartier sans avoir pu aplanir les divergences apparues au sein de la petite congrégation. L'Assemblée a formellement adopté le rapport et la députation a été remerciée pour ses services. Cela semblait une affaire très futile. Et pourtant, un membre de cette députation a toujours senti que la vie était étrangement enrichie par les événements de cette nuit mémorable. Cela met du fer dans le sang de passer une heure avec des hommes pour qui la conscience est suprême et qui aiment la vérité avec une affection si immortelle que le plus pur et le plus noble des autres amours ne peut la détrôner.

VII

CLOCHARD! CLOCHARD! CLOCHARD

je

Clochard! clochard! clochard! clochard! C'était comme le battement régulier et rythmé d'une grande machine. Dossier après dossier, colonne après colonne, je regardais passer les troupes. Clochard! clochard! clochard! clochard! Ils continuèrent leur route, et ainsi de suite ; le tout dans un temps et une étape parfaits ; clochard! clochard! clochard! clochard! Cela m'a rappelé ce passage obsédant qui nous dit que « tous ces hommes de guerre qui pouvaient garder leur rang sont venus avec un cœur parfait pour faire de David le roi de tout Israël ». *Ils pourraient garder leur rang* ! C'est un disque suggestif. Il y a plus dedans qu'il n'y paraît à la surface. *Ils pourraient garder leur rang* ! Droite! Gauche! Droite! Gauche! Clochard! clochard! clochard! clochard! Tous ces hommes de guerre *qui savaient garder leur rang* sont venus avec un cœur parfait pour faire de David le roi de tout Israël.

II

La moitié de l'art de la vie consiste à apprendre à marcher sur le pas. C'est une chose formidable, une très grande chose, de pouvoir s'entendre avec les autres. Permettez-moi de me livrer à une petite autobiographie. J'ai vécu une fois une expérience des plus extraordinaires, une expérience si étonnante que toutes les expériences ultérieures apparaissent en comparaison comme les plus banals. Le fait est que je suis né. Une telle chose ne m'était jamais arrivée auparavant et j'étais complètement déconcerté. Je ne savais pas quoi en penser. Ma première impression a été que j'étais tout seul et que j'avais le système solaire pour moi tout seul. Comme Robinson Crusoé, je me considérais comme le monarque de tout ce que j'observais. Mais ensuite, comme Robinson Crusoé, j'ai découvert une empreinte et découvert que la planète sur laquelle j'avais été si mystérieusement jeté était habitée. Nous étions deux : moi et l'Autre.

Dès que j'ai pu imaginer des moyens de locomotion, je suis parti, comme Robinson Crusoé, pour découvrir à quoi ressemblait The Other Fellow. J'avais une sorte d'instinct qui me disait que tôt ou tard je devrais le combattre. J'ai découvert qu'il différait de moi sur un point essentiel. Il avait des centaines de millions de têtes ; Je n'en avais qu'un. Il avait des centaines de millions de pieds ; des centaines de millions de mains ; des centaines de millions d'oreilles et d'yeux ; Je n'en avais que deux. Mais pour autant, il ne m'est jamais venu à l'esprit qu'il était plus grand que moi. *Moi-même* m'a toujours semblé bien plus important que *l'Autre* . Ce n'était rien pour moi qu'il meure de faim tant que j'avais suffisamment de nourriture. Ce n'était rien pour moi qu'il frissonnait tant que j'étais bien enveloppé. Je ne me souviens pas avoir jamais pensé au cours des six premiers mois de mon existence que ce serait une mauvaise chose s'il mourait, avec ses centaines de millions de têtes, et me laissait tout seul sur la planète. J'étais le premier et il n'était nulle part. J'étais tout et lui n'était rien. Eh bien, mon cher, j'ai dû faire mes premières dents avant de réaliser qu'il y avait de la place sur la planète pour nous deux ; et j'ai dû me faire couper les dents de sagesse avant de découvrir que le monde m'intéressait globalement plus à cause de sa présence. Et depuis lors, j'ai déployé quelques efforts, d'une manière maladroite et maladroite, pour essayer de me rendre tolérable à ses yeux. Et plus je vis, plus je vois clairement que, bien qu'il soit parfois un homme étrange, il est très prompt à répondre à de telles avances et à lui rendre la pareille. Il découvre, comme moi, que marcher au pas a un plaisir qui lui est propre.

III

Je disais il y a un instant que la moitié de l'air de la vie réside dans l'apprentissage du pas. À l'inverse, la moitié de la tragédie de la vie réside dans notre échec à le faire. Voici M. et Mme Cardew. Tous les amoureux de Mark Rutherford les connaissent bien. Ils étaient tous les deux des gens vraiment excellents ; un ministre et sa femme ; profondément attachés les uns aux autres ; et pourtant aussi misérable que possible. Comment allez-vous en rendre compte ? C'est extrêmement important simplement parce que c'est si courant. Les difficultés domestiques découlent rarement d'une méchanceté pure et simple. Mari et femme peuvent être aussi exempts de toute faute extérieure que les pauvres M. et Mme Cardew. Mark Rutherford pense que M. Cardew était le principal responsable, et son verdict est probablement juste. Un homme fait un pas considérablement plus long qu'une femme ; mais, malgré cela, il est encore possible, même à notre époque de jupes entravées, que l'homme et la servante marchent au pas, comme le savent tous les vrais amoureux. Mais cela ne peut être réalisé qu'en modérant sa démarche disgracieuse au profit de celle-ci, plus modeste, et, peut-être, en allongeant inconsciemment son pas sous l'influence vivifiante de son soutien. Ce qui est une parabole. Mark Rutherford dit que « M. Cardew n'avait pas appris l'art d'être heureux avec sa femme ; il ne savait pas que le bonheur est un art ; il a plutôt fait tout ce qu'il pouvait pour rendre la relation intolérable. Il exigeait un paiement en pièces de monnaie frappées de sa propre monnaie, et si des lingots et des bijoux avaient été versés devant lui, il n'y aurait pas prêté attention. Il n'a pas pris en compte le fait que ce que sa femme disait et ce qu'elle ressentait n'était peut-être pas la même chose ; que les personnes qui ne maîtrisent pas beaucoup la langue sont obligées de faire en sorte qu'un mot fasse le devoir d'une douzaine ; et que, si sa femme était défectueuse à un moment donné, il y avait dans ses régions entières une excellence inexplorée, des facultés jamais encouragées et une affection à laquelle il n'offrait aucune réponse. Il y a plus de philosophie dans la manière astucieuse avec laquelle ces heureux amants dans la ruelle adaptent leurs pas au confort de l'autre que nous avons été habitués à soupçonner. Cela se fait très facilement ; cela se fait presque inconsciemment ; mais ils doivent faire très attention à continuer à le faire longtemps après avoir quitté la vieille ruelle verdoyante derrière eux.

IV

Je ne veux pas suggérer que les maris et les femmes sont des pécheurs plus que tous les autres habitants de la terre. En aucun cas. Existe-t-il un club, une société, un bureau ou une église dans le vaste monde qui n'abrite pas un individu des plus excellents dont le seul et unique défaut est de ne pouvoir s'entendre avec personne d'autre ? C'est bien sûr ma façon de le dire. Ce n'est pas le sien. Il dirait que personne d'autre ne peut s'entendre avec lui. Ce qui nous ramène encore une fois aux troupes. Un jeune Écossais brut rejoignit le corps expéditionnaire et, le premier jour du défilé, sa mère et sa sœur descendirent fièrement pour le voir défiler. Jock, c'est triste à dire, était en décalage. C'est du moins ma façon de le dire. Mais ce n'est pas le seul moyen. « Regarde, maman ! » " dit sa chère sœur, " regarde, ils sont un " oot o " step mais notre Jock ! " Ce n'est pas à moi de décider si Jock a raison ou si les autres ont raison. Mais comme les autres sont tous en phase les uns avec les autres, je crains que les preuves présumées ne soient plutôt lourdes contre Jock. Et Jock est bien connu de nous tous. Personne ne l'aime et personne ne sait pourquoi il ne l'aime pas. À bien des égards, il est un modèle de bonté. Il aime son église, sinon il ne s'y serait pas attaché année après année comme il l'a fait. Il ne s'affirme pas; il est tout à fait disposé à effacer sa propre personnalité et à être invisible. Il est généreux à l'excès. Personne n'est plus désireux de faire quoi que ce soit pour le bien général. Et pourtant, personne ne l'aime. La seule chose qui lui est reprochée, c'est qu'il ne s'est jamais discipliné pour s'entendre avec les autres. Il n'a jamais essayé de s'adapter à leur foulée. Il ne peut pas garder son rang. Ils sont à un pas mais notre Jock ! Pauvre Jock !

V

Je sais que de tout cela surgit un problème sérieux. Le problème est le suivant : pourquoi Jock devrait-il détruire sa propre personnalité afin de devenir une réplique exacte de tous les autres hommes du régiment ? L'individualité est-elle une chose mauvaise qui doit être anéantie et oblitérée ? La réponse à cette objection est qu'il n'est pas demandé à Jock de sacrifier sa personnalité ; on lui demande de sacrifier son angulaire. L'idéal de la discipline britannique n'est pas de transformer les hommes en machines, mais de préserver l'individualité et l'initiative ; et pourtant, en même temps, rendre chaque homme aussi précieux que possible pour ses camarades. Dans l'église, nous faisons la même chose. Brown veut dire du bien, mais il est tout excité. Vous lui demandez de faire quelque chose. — Oh ! certainement, avec le plus grand plaisir du monde ! Mais on a le sentiment gênant qu'il assumera mille autres tâches de la même manière légère et que les chances qu'il fasse le travail et le fasse bien ne sont pas roses. Smith, en revanche, se montre prudent. Lui aussi a de bonnes intentions ; mais il a indûment peur de promettre plus que ce qu'il peut honorablement tenir ; et, en fait, ce croquemitaine l'effraie et l'empêche de faire tout ce qu'il pourrait et devrait faire. Maintenant, ici, vous avez Brown qui court et Smith qui rampe. Vous savez bien que Brown s'épuisera bien prématurément et que Smith n'y arrivera jamais. Et entre la course excitée de Brown et l'exploration exaspérante de Smith, l'hôte principal court à un rythme moyen. La personnalité de Brown est désormais une chose délicieuse. Vous ne pouvez pas vous empêcher de l'aimer. Sa bonne volonté est charmante et son enthousiasme contagieux. Et la persévérance constante et l'extrême conscience de Smith sont des plus admirables. Ils nous font du bien. Mais si, tout en préservant et en développant leur personnalité, on pouvait les dépouiller de leurs angles et les faire marcher au pas, à un rythme soutenu et régulier, clochard ! clochard! clochard! clochard ! — nous aurions sûrement une meilleure chance de faire de David le roi de tout Israël !

VI

Tout est une question de discipline. Le laboureur revient de la campagne d'un long pas disgracieux. Le citadin, habitué aux trottoirs bondés, arrive d'un pas court et haché. Ils s'entraînent pendant quinze jours côte à côte et s'en vont. Droite! Gauche! Droite! Gauche! Clochard! clochard! clochard! clochard! L'harmonie est parfaite. Jock doit se soumettre au même processus rigide de formation. Il peut être fermement convaincu que la foulée du régiment est trop courte ou trop longue. Mais si, pour ce motif, il en adopte un autre, personne, à part sa douce et admirative petite sœur, ne croira qu'il a raison et qu'ils ont tort. L'attitude isolée de Jock se reflète invariablement sur lui-même. « Tout le régiment est déphasé ! » déclare-t-il en attirant l'attention sur sa démarche différente. C'est trop souvent le problème de Jock. « Les membres de notre Église ne lisent pas la Bible ! il dit. C'est peut-être malheureusement vrai ; mais cela ressemble, exprimé de cette façon, à une affirmation selon laquelle il est le seul lecteur consciencieux et régulier de la Bible parmi eux. « Les membres de notre Église ne prient pas ! s'exclame-t-il tristement. Il se peut qu'un appel à la prière soit urgent ; mais le pauvre Jock présente les choses sous un tel jour qu'il semble prétendre que lui seul connaît le chemin qui mène au trône de la grâce. « Parmi les fidèles infidèles, lui seul ! « Les membres de notre Église n'ont pas d'esprit spirituel ! il déplore ; mais d'une manière ou d'une autre, dit comme il le dit, cela ressemble étrangement à un écho du « Quel bon garçon suis-je ! » du petit Jack Horner.

Dans la correspondance d'Elizabeth Fry apparaît un passage très frappant et suggestif. Lorsque Mme Fry commença à rencontrer un grand succès dans son travail dans les prisons anglaises, certains Quakers craignirent que ses triomphes n'engendrent la fierté de son âme et ne détruisent sa spiritualité. Finalement, la chose devint nauséabonde et intolérable, et elle écrivit : « Les craintes prudentes que les bons ont pour moi m'éprouvent plus que la plupart des choses, et je trouve qu'il faut de la patience chrétienne pour ne pas en être un peu contrarié. Je suis convaincu que nous voyons souvent l'esprit de critique de Marthe entrer en jeu, même sur les choses spirituelles. *O Seigneur, permets-nous de garder nos rangs dans la justice !* '

Clochard! clochard! clochard! clochard!

VII

«Et Enoch marchait avec Dieu.»

«Et Noé marchait avec Dieu.»

«Et Abraham marchait avec Dieu.»

«Et Moïse marchait avec Dieu.»

Clochard! clochard! clochard! clochard!

"Tous ces hommes de guerre *qui pouvaient garder leur rang* sont venus avec un cœur parfait pour faire de David le roi de tout Israël."

« Ô Seigneur, permets-nous de garder nos rangs dans la justice ! »

VIII

LE PREMIER COMPLET

Light Freights de M. WW Jacobs . « D'abord, ils savent qu'ils ne sont pas capitaines, et cela suffit à les mettre de mauvaise humeur, surtout s'ils ont obtenu leur brevet depuis de nombreuses années et ne parviennent pas à obtenir un poste vacant. ' Je crois qu'il y a quelque chose dans la philosophie du veilleur de nuit ; et j'écris donc un mot ou deux pour le bénéfice particulier des premiers lieutenants. Je suis à moitié enclin à l'adresser « aux premiers lieutenants seulement », car aux seconds, troisièmes et autres officiers inférieurs, je n'ai rien à dire. Mais le second suscite notre sympathie parce que le veilleur de nuit déclare avec tant de force : « Les premiers officiers savent qu'ils ne sont pas des capitaines, et cela suffit à les mettre de mauvaise humeur. C'est horriblement vexatoire d'être à côté de la grandeur. Un vieux proverbe nous dit qu'un échec vaut un kilomètre ; mais comme la plupart des proverbes, il est aussi faux que faux. Un mile vaut toujours mieux qu'un échec.

J'aime le cricket et je suis président d'un certain club. J'assiste invariablement aux matchs, à moins que la maison ne soit en feu. J'ai assez d'instinct sportif pour pouvoir accepter joyeusement la défaite, si elle se situe dans certaines limites. Cela ne doit pas être si écrasant qu'il s'agirait d'une humiliation positive, ni d'une marge si fine qu'il constituerait en soi une tentation. Des deux, je préfère le premier au second. Les premiers peuvent être licenciés sous certaines formes reconnues. « La glorieuse incertitude du cricket ! » vous dites-vous. « Tout est dans le jeu ; et la meilleure équipe du monde a parfois un jour de repos !' Mais si, après une grande lutte, vous perdez d'un point, vous rentrez chez vous en pensant de manière peu charitable au lanceur qui aurait pu empêcher l'autre joueur de franchir une certaine limite, au gardien de guichet qui aurait pu sauver un bye, ou du batteur qui aurait facilement pu obtenir quelques points supplémentaires s'il n'avait pas joué un coup aussi ridiculement hasardeux. Être battu par cent courses est mauvais, mais supportable ; être battu par une manche et cent points est humiliant et horrible ; être battu d'un seul point est exaspérant et intolérable.

La même chose nous rencontre à chaque instant. Il y a quelques minutes, j'ai récupéré la *Vie de Lord Randolph Churchill* , de son fils. Dans le tout premier chapitre se trouve une lettre écrite par le Dr Creighton à la duchesse de Marlborough, dans laquelle il compatit Madame le fait que Lord Randolph ait été placé en deuxième classe lors des examens de décembre à Oxford. « Je dois admettre, écrit l'évêque, que j'ai été désolé lorsque j'ai appris à quel point Lord Randolph avait raté de peu le premier cours ; quelques réponses supplémentaires à quelques questions et quelques omissions supplémentaires dans certains de ses papiers, et il l'aurait obtenu. Il était, me disent les examinateurs, le meilleur homme placé en deuxième classe ; et la grande difficulté, comme Votre Grâce l'observe, est qu'il soit dans la même classe que tant de personnes qui lui sont grandement inférieures en connaissances et en capacités. Il est plutôt tentant de penser qu'il s'est approché si près ; *s'il avait été plus loin, j'aurais été plus content*. Voilà exactement le malheur du second. Il est si proche du métier de skipper, si proche. Il porte même continuellement dans sa poche les papiers officiels qui certifient qu'il est pleinement qualifié pour être capitaine. Et pourtant, il n'est pas pour autant skipper. Parfois même, il s'imagine qu'il ne sera jamais capitaine. C'est très éprouvant. Je suis désolé – vraiment désolé – pour le second. Que puis-je dire pour l'aider ?

Peut-être que ce qu'il appréciera le plus est le rappel de l'énorme dette que le monde doit à ses premiers officiers. Je lisais l'autre jour la grande *Vie de Delane de Dasent*. Parmi les documents les plus frappants imprimés dans ces cinq volumes figurent les lettres que Delane a écrites depuis le théâtre de la guerre en Crimée au remplaçant qui occupait sa propre chaire de rédaction au bureau du *Times*. Et tout le poids de ces lettres est de montrer que l'Angleterre a été sauvée à cette époque par un second. « L'amiral, dit-il dans une lettre, n'est en aucun cas à la hauteur de sa position. Le vrai commandant est Lyons, qui n'est qu'un autre Nelson, plein d'énergie et d'activité. Deux jours plus tard, il dit encore : « Rien que l'énergie et la détermination de Sir E. Lyons ont surmonté les difficultés et les « impossibilités » soulevées par ceux qui semblent toujours avoir une objection constante à faire quoi que ce soit jusqu'à ce que leur « demain » arrive. . Tout le mérite lui revient, et à lui seul, car notre amiral n'a jamais quitté son navire, ancré à trois milles du rivage, et s'est contenté d'envoyer le même contingent d'hommes et de bateaux que les autres navires. Et, écrivant de nouveau après le débarquement, Delane dit : « Rappelez-vous toujours que, dans le grand crédit que mérite le succès de ce débarquement, Dundas n'a aucune part. Lyon a tout fait, et cela malgré un découragement tel qu'un homme plus petit l'aurait ressenti. Nelson n'aurait pas pu faire mieux et, en fait, son cas à Copenhague ressemble presque à celui-ci. Voici donc une plume dans la casquette du second. Il peut souvent sauver une situation vitale qui, entre les mains d'un capitaine dilatoire, aurait facilement pu être perdue. Le skipper est skipper et il le sait. Il est au sommet de l'arbre, et il ne reste plus rien pour lutter. Il a tendance à se reposer sur ses lauriers et à perdre son énergie. Cette tendance subtile est l'opportunité du second. Le navire ne doit pas être perdu car le skipper s'endort. Tout, à pareille heure, dépend du second.

Et ce n'est pas seulement en temps de guerre et de crise que le second s'impose. Dans les arts de la paix, le même principe est valable. Qu'aurait pu faire notre littérature sans le second ? Et dans la république des lettres, le second est généralement une femme. Ce n'est que très récemment que les femmes se sont, dans une mesure appréciable, appliquées aux tâches et aux responsabilités de la paternité. Jusqu'au XVIIIe siècle, Mme Grundy jetait un regard renfrogné à toute femme intrépide qui menaçait d'envahir le domaine sacré. En 1778, cependant, Miss Fanny Burney brava la colère de la vieille dame, publia *Evelina* et devint la pionnière d'une nouvelle époque. Un de ces jours, peut-être à l'occasion du bicentenaire de cet événement, l'armée des femmes qui manient la plume érigera une statue à la mémoire de cette courageuse et brillante éclaireuse. Ce faisant, deux scènes mémorables de la vie de leur héroïne seront probablement représentées en bas-relief sur le piédestal. L'un d'entre eux incarnera Miss Burney, désespérée de pouvoir un jour inciter un public partial à lire l'œuvre d'une femme, faisant un feu de joie avec les manuscrits auxquels elle avait consacré tant de soins patients. L'autre illustrera la célèbre scène où Miss Burney dansait une gigue pour Daddy Crisp autour du grand mûrier de Chessington. Ce fut, nous dit son journal, le résultat incontrôlable de son exaltation en apprenant les éloges que le grand Dr Johnson accordait à *Evelina* . «Cela m'a donné une telle envolée d'esprit», dit-elle, «que j'ai dansé une gigue pour M. Crisp, sans aucune préparation, musique ou explication, à son grand étonnement et sa diversion.» Macaulay a déclaré que Miss Burney avait fait pour le roman anglais ce que Jeremy Collier avait fait pour le drame anglais ; et elle l'a fait d'une meilleure façon. « Elle montra d'abord qu'on pouvait écrire un conte dans lequel la vie à la fois mondaine et vulgaire de Londres pourrait être exposée avec une grande force et un large humour comique, et qui ne devrait pourtant contenir aucune ligne incompatible avec une moralité rigide, ni même avec une délicatesse vierge. Elle a enlevé le reproche qui pesait sur une espèce de composition des plus utiles et des plus délicieuses. Les préjugés, cependant, ont la vie dure ; et le même écrivain nous dit dans un autre essai que soixante-dix ans plus tard, certains critiques étaient encore d'avis qu'une dame qui ose publier un livre renonce par cet acte aux franchises appartenant à son sexe, et ne peut prétendre à aucune exemption de la plus grande rigueur de la loi. procédure critique.

Mais, si forts qu'aient pu être les préjugés contre une femme devenant capitaine et prenant sa place sur la passerelle, personne ne pouvait s'opposer à ce qu'elle devienne premier lieutenant ; et c'est comme second que la femme a rendu le service le plus précieux. Quelques-uns, comme Fanny Burney et Jane Austen, Charlotte Brontë et George Eliot, sont peut-être devenus capitaines ; mais nous pourrions mieux nous permettre de perdre toutes les œuvres de ces écrivains plutôt que de perdre l'influence que les femmes ont exercée sur les capitaines qu'elles servaient en qualité de second. Emerson disait qu'un homme a droit au crédit, non seulement pour ce qu'il fait lui-même, mais aussi pour tout ce qu'il inspire aux autres à faire. À aucun sujet cet axiome ne s'applique avec plus de force qu'à celui-ci. Ce serait une erreur fatale de supposer que la contribution des femmes à la république des lettres commence et finit avec les ouvrages qui portent des noms féminins sur leurs pages de titre. Notre littérature est ornée de quelques exemples de collaboration reconnue entre un homme et une femme, et ce n'est que dans de très rares cas que la femme est un contributeur mineur. Mais en plus de cela, il existe d'innombrables témoignages d'hommes dont les noms figurent au premier rang parmi nos lauréats et professeurs et dont le travail aurait été tout simplement impossible sans la femme en arrière-plan. Parmi une foule d'exemples qui nous viennent naturellement à l'esprit, nous pouvons citer, presque au hasard, les cas de Wordsworth, Carlyle et Robert Louis Stevenson. À l'époque de sa jeunesse agitée, alors que Wordsworth risquait de s'empêtrer dans les tumultes militaires et politiques de l'époque, c'est sa sœur qui le rappela à son bureau et l'orienta sur le chemin qui menait au destin. « C'est, remarque Miss Masson, que dans des moments comme celui-ci, les hommes, surtout ceux qui se nourrissent de leurs sentiments, deviennent désespérés, pensent et font des actes désespérés. C'est à ce moment critique pour Wordsworth que sa sœur Dorothy est entrée dans sa vie et l'a sauvé. "Elle a apaisé son esprit", dit encore le même écrivain, en a banni la politique contemporaine et les doutes religieux, et lui a insufflé à la place l'amour de la beauté et la dépendance à la foi, et ainsi elle a réveillé le désir d'expression poétique.

Elle, au milieu de tous, le conservait encore
poète ; lui fit chercher sous ce nom, Et cela seul, sa fonction sur terre.

Pauvre Dorothée ! Elle accompagnait son frère dans plus de la moitié de ses pérégrinations ; elle lui montra plus de la moitié de la beauté embaumée dans ses vers ; elle lui suggéra la moitié de ses thèmes. Comme le poète lui-même l'a avoué :

Elle m'a donné des yeux, elle m'a donné des oreilles,
Et d'humbles soucis et des craintes délicates ; Un cœur, fontaine de douces larmes ; Et l'amour, la pensée et la joie.

Oui, le monde doit plus qu'il ne le saura jamais à des premiers compagnons aussi fidèles, vrais et serviables que Dorothy Wordsworth. Le capitaine se tient sur le pont et obtient toute la gloire, mais seuls lui et le second savent à quel point cela est dû à la silhouette en arrière-plan. Pensez aussi à ce beau jour de printemps, il y a près de cinquante ans maintenant, où une dame, traversant Hyde Park pour voir la beauté des crocus et des perce-neige, fut vue brusquement faire une embardée dans sa voiture, et un instant après elle fut retrouvé mort. « Ce fut pour Carlyle une perte d'une intensité indescriptible », déclare M. Maclean Watt dans sa monographie. "Cette femme a été l'une des influences les plus courageuses et les plus brillantes de sa vie, même si, peut-être, il était tout à fait vrai qu'il n'était pas conscient de sa dette jusqu'à ce que le Voile du Silence tombe entre les deux." Le capitaine n'a jamais conscience de sa dette envers le second ; c'est une caractéristique essentielle de la relation. C'est la gloire du second qu'il travaille sans penser à la reconnaissance ou à la récompense ; heureux s'il peut maintenir le navire fidèle à sa trajectoire ; et toujours fier de voir le skipper couronné de toute la gloire. La dette de Carlyle envers sa femme est l'une des histoires les plus tragiques de l'histoire des lettres. « Dans la nef en ruine de la vieille abbaye Kirk », nous dit le sage, « avec le ciel qui la regarde, dort là ma petite Jeannie, et la lumière de son visage ne brillera plus jamais sur moi. Je dis délibérément que son rôle dans cette dure bataille (et, à part moi, personne ne sait à quel point elle a été dure) a été plus brillant et plus courageux que le mien.

Et dans le cas de Stevenson, l'obligation est encore plus marquée. « Quelle dette il avait envers les femmes ! s'exclame l'un de ses biographes. « Dans son enfance chétive et malade, sa mère et sa nourrice Cummie l'avaient apaisé et soigné ; dans son heure troublée de jeunesse, il avait trouvé en Mme Sitwell une inspiratrice, une consolatrice et un guide pour lui apprendre à croire en lui-même ; dans son moment d'échec et de lutte contre la pauvreté et la mort elle-même, il avait épousé une femme capable d'être sa camarade, son critique et sa nourrice. Nous devons toute la meilleure partie de l'œuvre de Stevenson à la présence à ses côtés d'une épouse qui possédait, comme en témoigne Sir Sidney Colvin, « un caractère aussi fort, intéressant et romantique que le sien ». Elle partageait inséparablement toutes ses pensées ; le fidèle compagnon de toutes ses aventures; l'ami le plus sincère envers tous ceux qui l'aimaient ; le critique le plus avisé et le plus stimulant de son œuvre ; et lorsqu'elle est malade, malgré sa santé précaire, la plus dévouée et la plus efficace des infirmières.

Dorothy Wordsworth, Jane Carlyle et Fanny Stevenson représentent un grand nombre de femmes courageuses et brillantes sans lesquelles notre littérature aurait été vraiment pauvre. Un jour, nous ouvrirons un Panthéon dans lequel nous placerons de splendides monuments à nos premiers officiers. À l'heure actuelle, nous remplissons nos abbayes de Westminster de statues de capitaines. Mais, comptez-en deux, l'injustice ne peut pas durer éternellement. Un jour, le monde ne se demandera pas seulement : « Cet homme était-il grand ? mais aussi : « Qui a rendu cet homme si grand ? Et quand notre vieux monde se mettra en tête de poser de telles questions, le jour du second sera enfin levé.

Un autre mot devrait être dit, même si cela semble être une cruelle gentillesse de le dire. C'est ça. Il y a des gens qui réussissent brillamment comme premiers lieutenants, mais qui échouent ignominieusement comme capitaines. Aaron est, bien entendu, l'exemple classique. Tant que Moïse était capitaine et Aaron premier lieutenant, tout se passait bien. Mais Moïse se retira pendant un moment, puis Aaron prit le commandement. « Et l'Éternel dit à Moïse : Va, descends ; car ton peuple, que tu as fait sortir du pays d'Égypte, s'est corrompu. Ils se sont détournés promptement du chemin que je leur avais commandé ; ils ont fait un veau en fonte, et l'ont adoré, et lui ont offert des sacrifices, et ont dit : Ce sont tes dieux, ô Israël, qui t'ont fait monter du pays d'Égypte ! Tant que Moïse était capitaine et Aaron second, Aaron s'en sortait magnifiquement. Mais quand Aaron prit le commandement, il n'était, comme le dit le Dr Whyte, « qu'un simple roseau secoué par le vent ; aussi faible et aussi mauvais que n'importe quel autre homme. Ces quarante jours que Moïse a passés sur la montagne ont fait ressortir, entre autres choses, à la fois la grandeur de Moïse et la petitesse et la faiblesse d'Aaron d'une manière que rien d'autre n'aurait pu faire. "Lève-toi, fais de nous des dieux qui marcheront devant nous; car quant à ce Moïse, nous ne savons pas ce qu'il est devenu." Et Aaron tomba comme un roseau brisé devant les clameurs idolâtres du peuple révolté. Le jour du jugement, comptez-en, sera un jour d'énormes surprises. Et l'un des plus grands étonnements sera la révélation de l'immense dette que le monde doit à ses premiers lieutenants. Et les premiers lieutenants qui ne deviendront jamais capitaines comprendront, en ce grand jour, pourquoi. Et lorsqu'ils en connaîtront la raison, ils seront parmi les plus reconnaissants parmi les reconnaissants. Ce sera bien mieux pour moi d'être enfin applaudi comme un bon et fidèle second que d'avoir à avouer que, comme patron, j'ai conduit le navire sur les rochers.

PARTIE III

je

QUAND LES VACHES RENTENT À LA MAISON

Je peux les voir maintenant alors qu'ils avancent, très lentement et en file indienne, dans la vieille ruelle sinueuse. Le soleil déclinant brille à travers la cime des peupliers, le zeste du jour commence à s'adoucir dans le silence et la fraîcheur du soir, quand ils viennent flâner tranquillement dans l'herbe qui pousse luxueusement au bord de la route. L'un après l'autre, ils arrivent tranquillement : Cherry et Brindle, Blossom et Darkie, Beauty et Crinkle, Daisy et Pearl. Un étranger qui les regarde apparaître au détour d'une jolie vieille ruelle s'imagine que chacun d'eux est le dernier, et vient d'abandonner tout espoir d'en voir un autre, lorsque la prochaine paire de cornes fait son apparition inattendue. Ils ne se précipitent jamais chez eux ; ils viennent juste. Un brin particulièrement tentant dans les longues herbes douces sous la haie provoquera un arrêt instantané. La moindre chose qui passe sur la route arrête tout le cortège ; et ils regardent fixement l'intrus jusqu'à ce qu'il soit en bonne voie. Et puis, sans chercher à rattraper le temps perdu, ils courent à nouveau au même rythme. C'est bien de les regarder. Quand le tourbillon de la vie est trop fort pour moi ; quand mon cerveau s'ébranle et que mes tempes palpitent ; quand la hâte autour de moi distrait mon esprit et trouble ma paix ; quand je suis pris dans le tumulte, l'agitation et la précipitation, alors j'aime me renverser un instant sur ma chaise et fermer les yeux. Je suis de retour dans le cher vieux chemin parmi les aubépines et les avelines. Je sens une fois de plus l'odeur de la bruyère. Je revois l'écureuil là-haut dans le chêne et le lapin sous la haie. J'écoute comme autrefois le gazouillis de la sauterelle dans les chaumes, le bourdonnement des abeilles parmi les digitales, le chant du merle sur l'aubépine, et, le meilleur de tout, oui, le meilleur de tout pour le cerveau instable et nerf à vif : je vois les vaches rentrer à la maison.

C'est une bonne chose de pouvoir croire toute la journée que le soir venu, les vaches rentreront toutes à la maison. C'est la foi de la laitière. Alors que la journée avance, elle regarde à travers la fenêtre en treillis et aperçoit occasionnellement Cherry et Brindle, Blossom et Darkie, Beauty et Crinkle, Daisy et Pearl. Ils errent toujours plus loin à travers les champs ; mais elle garde un cœur tranquille. Au plus profond de son âme, elle chérit un joli secret. Elle sait que lorsque les rayons du soleil traverseront les hautes flèches de peupliers, les vaches rentreront toutes à la maison. Elle ne prétend pas comprendre l'instinct mystérieux qui tournera plus tard vers elle les visages de Cherry et Brindle. Elle ne peut pas expliquer la force merveilleuse qui dirigera Blossom et Darkie dans la vieille ruelle et les guidera le long de ses replis jusqu'à la porte blanche près de l'étable. Mais là où elle ne peut pas retrouver sa trace, elle fait confiance. Et toute la journée, elle s'accroche sans broncher à sa foi ensoleillée. Elle ne doute jamais un seul instant que les vaches reviendront toutes à la maison.

Y a-t-il quelque chose de plus beau au monde que la confiance d'une bonne femme dans le salut de ses enfants ? Pendant des années, ils se sont rassemblés autour de son genou ; elle lit avec eux ; prie avec eux; se félicite de leurs confidences enfantines. Puis, un à un, ils s'en vont ! La chaleur du jour peut amener l'égarement, et même la honte ; mais, comme la laitière qui surveille les vaches à travers le treillis, elle est sûre qu'elles rentreront toutes à la maison. Pensez à Susanna Wesley et à sa grande famille de dix-neuf enfants autour d'elle. Quelle merveilleuse histoire, l'histoire de ses soins personnels et de sa sollicitude individuelle pour le bien-être spirituel de chacun d'eux ! Et quel tableau Sir AT Quiller-Couch a peint du lit de mort de la sainte femme ! John arrive et est accueilli à la porte par la pauvre Hetty, la fille prodigue.

« La fin est très proche, dans quelques heures peut-être ! » Hetty lui dit.

« « Et elle est heureuse ? »

« « Ah, si heureux ! » Les yeux d'Hetty se remplirent de larmes et elle se détourna.

" " Ma sœur, ce bonheur est pour toi aussi. Pourquoi, toi seule de nous, l'as-tu jusqu'ici rejeté ?

« Hetty s'est dirigée vers la porte avec un faible geste des mains. Elle savait que, épuisé comme il l'était par son voyage, si elle lui en donnait l'occasion, il la saisirait et s'arrêterait, même pendant que sa mère haletait pour la dernière fois, pour lutter et gagner une âme - pas parce qu'elle, Hetty, était sa sœur. , mais simplement parce que son âme était à sauver. Oui, et elle prévoyait que tôt ou tard il gagnerait ; qu'elle serait entraînée dans la flamme de sa conquête. Elle avait seulement envie d'être laissée tranquille ; elle craignait toute expérience nouvelle ; elle se méfiait même de la joie du salut. La vie avait été trop dure pour Hetty. Et sur une autre page, nous avons un extrait du journal de Charles. « J'ai prié par ma sœur, âme gracieuse, tendre et tremblante ; un roseau meurtri que le Seigneur ne brisera pas.

Les vaches étaient toutes rentrées à la maison. La foi de la laitière n'avait pas failli.

Les gens les plus heureux du monde, et les meilleurs, sont ceux qui vivent la vie comme la laitière passe la journée, croyant qu'avant la nuit, les vaches rentreront toutes à la maison. C'est une foi qui ne se prête pas à l'apologétique, mais qui, comme l'arrivée des vaches, semble se manifester avec une étonnante régularité. C'est ce que Myrtle Reed appellerait « un raisonnement de femme ». C'est *parce que* c'est le cas. Les vaches reviendront toutes à la maison *parce que* les vaches reviendront toutes à la maison.

« Bonne épouse, pourquoi chantes-tu ? tu sais que nous avons perdu le foin, et ce que nous ferons du cheval et du kye est plus que je ne peux dire ; Tandis que, comme toujours, avec la tempête et la pluie, nous perdrons à la fois du maïs et du blé.
Elle leva les yeux avec un visage agréable et répondit doucement et doucement :
Il y a un cœur, il y a une main, nous sentons mais ne pouvons pas voir ;
Nous avons toujours été pourvus et nous le serons toujours.

« C'est comme le raisonnement d'une femme : nous le devons parce que nous le devons ! »
Elle dit doucement : « Je ne raisonne pas, je travaille et je fais seulement confiance ; La récolte peut racheter le foin, garder courage quoi qu'il arrive ;
Quand une porte est fermée, j'en trouve toujours une autre grande ouverte.
Il y a un cœur, il y a une main, nous sentons mais ne pouvons pas voir.
Nous avons toujours été pourvus et nous le serons toujours.

Le fait est que la laitière a une sorte d'entente avec la Providence. Elle est de mèche avec l'Éternel. Et la Providence a sa propre façon de garder la foi avec des cœurs confiants comme le sien. Je lisais l'autre jour *Links in my Life* , *du commandant JW Gambier* , et j'étais amusé de la curieuse incohérence qui conduisait l'auteur d'abord à se moquer de la Providence, puis à rendre un témoignage éclatant de sa fidélité. Dans sa jeunesse, le commandant est venu en Australie et a travaillé dans une gare de retour, mais il en a vite eu assez. « Je devais essayer ce que la fortune pouvait faire pour un homme pauvre ; mais je croyais à l'effort personnel et à sa reconnaissance par la Providence. *Je ne connaissais pas la Providence* .

« Je ne connaissais pas la Providence ! ricane notre jeune bushman.

«Les vaches reviendront toutes à la maison», dit la joyeuse laitière.

Mais sur la même page qui contient le ricanement, le commandant Gambier raconte cette histoire. Alors qu'il quittait l'Angleterre, le vieux cocher qui le conduisait à la gare lui dit : « Si tu vois mon fils Tom en Australie, demande-lui d'écrire à lui et de nous dire comment il va. « Je lui ai expliqué, nous raconte le commandant, que l'Australie était un grand pays et je lui ai demandé s'il avait une idée du nom de l'endroit où son fils était allé. Il n'avait pas.' Dès son arrivée à Newcastle, en Nouvelle-Galles du Sud, le commandant Gambier rencontre un palefrenier exceptionnellement dépenaillé. Tandis que le palefrenier lui tendait son cheval, M. Gambier éprouva une conviction irrésistible mais inexplicable : c'était le fils du vieux cocher. Il en était absolument sûr ; alors il a dit :

« Votre nom est Fowles, n'est-ce pas ? »

Il parut étonné et sembla penser que son interlocuteur avait une raison particulière de lui poser la question, et fut d'abord peu enclin à répondre. Mais M. Gambier l'a pressé et lui a dit : « Votre père, le chauffeur de taxi de Cheltenham, m'a demandé de vous chercher.

Il a alors reconnu que c'était lui et M. Gambier l'a exhorté à écrire à son père. Tout cela sur la même page que le vilain mépris de la Providence !

Et une douzaine de pages plus loin, je tombai sur une histoire encore plus frappante. Le commandant Gambier était très malheureux, très nostalgique et très misérable en Australie. Il n'arrivait pas à se décider s'il devait rester ici ou retourner en Angleterre. « Finalement, dit-il, j'ai décidé de *m'en remettre au destin* . La seule différence que je puisse découvrir entre la « *Providence* » à laquelle le commandant Gambier ne pouvait se fier, et le « *sort* » auquel il était prêt à soumettre toutes ses fortunes, c'est que la première s'écrit avec une majuscule et la seconde avec un un petit ! Mais à l'histoire. « Sur la route où je me trouvais, il y avait un petit magasin de boissons de brousse, et les autocars s'arrêtaient ici pour rafraîchir le voyageur de brousse toujours assoiffé. À cet endroit, les entraîneurs de l'intérieur et de l'arrière-pays se sont rencontrés et j'ai décidé de prendre celui qui arriverait en premier, *laissant au destin le soin* de décider. En regardant la longue piste droite par laquelle doit passer le car de campagne, j'ai aperçu un nuage de poussière, et je me souviens bien de la curieuse sensation que j'ai eue d'être sur le point de tourner le dos à l'Angleterre pour toujours ! Mais dans l'autre sens, une ceinture de broussailles masquait la vue, la route faisant un virage serré. Et puis, presque simultanément, j'ai entendu un fort claquement de fouet, et à ce coin de rue, au grand galop, est arrivé le wagon de descente, s'arrêtant au bidonville pas trois minutes avant l'autre ! J'avais l'impression d'être un homme en grâce, car mon cœur était vraiment déterminé à rentrer chez moi ; et j'ai sauté dans le wagon de descente avec un grand sentiment de soulagement !' Et ainsi M. Gambier retourna en Angleterre, devint commandant dans la marine britannique et l'un des ornements les plus distingués du service. Il se moque de la « *Providence* » , mais se confie au « *destin* » et laisse tout au « *destin* » ! La confiance de la laitière peut être inexplicable ; mais c'est une confusion inexplicable. Tous deux sont guidés par la même Main, la Main qui ramène les vaches à la maison. Elle le voit et chante. Il l'examine et ricane. C'est la seule différence.

Carlyle a passé les premières années de sa vie littéraire, jusqu'à l'âge de quarante ans, parmi les mosshags et l'isolement de Craigenputtock. C'était, dit Froude, l'endroit le plus triste de tous les dominions britanniques. La maison était décharnée et affamée, se dressant comme une île dans une mer de marécage. Lorsqu'il sentit l'attrait de Londres et décida de se jeter dans son tumulte, il fit « l'un des plus grands plongeons qu'un homme puisse faire ». Mais en cette heure de crise, il a bâti sa foi sur une grande parole d'or. «Toutes choses concourent au bien de ceux qui aiment Dieu», écrit-il à son frère. Et plus tard, alors que sa mère était dans une grande détresse suite au départ de son fils Alick pour l'Amérique, Carlyle lui envoya le même texte. « Vous avez eu beaucoup à souffrir, chère mère, écrivit-il, et vous avez vieilli dans cette Vallée des Larmes ; mais vous dites toujours, comme nous devrions tous le dire : « N'avons-nous pas aussi beaucoup de miséricorde ? N'y a-t-il pas avant tout et en tous un Père qui veille sur nous, par qui toutes les peines concourent encore au bien ? Oui, c'est quand même le cas. Essayons de nous en tenir à *cela* comme à une ancre à la fois sûre et inébranlable. C'est une autre façon de dire : « Tout va bien, ma mère. Laissez-les errer comme ils veulent pendant que le soleil est haut ; quand il traverse les peupliers, les vaches rentrent toutes !

Le retour des vaches fait partie de l'harmonie de l'univers. L'homme lui-même s'en va, dit le psalmiste, à son œuvre et à son labeur jusqu'au soir. Jusqu'au soir, et puis, comme les vaches, il rentre à la maison. C'est ce sentiment d'harmonie entre l'arrivée des vaches d'une part et tout leur environnement d'autre part, qui a donné à Gray la première pensée de son « Élégie dans un cimetière de campagne » :

Le couvre-feu sonne le glas du jour qui se termine,
Le troupeau mugissant serpente lentement sur la prairie, Le laboureur
rentre chez lui péniblement et laisse le monde aux ténèbres et à moi.

Voici deux images : le laboureur fatigué et le troupeau mugissant qui rentrent tous deux à la maison ; et les deux ensemble forment une parfaite harmonie. C'est un coup de génie poétique. On nous fait ressentir la lassitude du laboureur fatigué pour pouvoir apprécier le repos de la soirée, la solitude du tranquille cimetière et les vaches qui rentrent lentement à la maison. Je me reprochais au début de me laisser parfois prendre par la fièvre et le tumulte de la vie ; mais alors, si je n'avais jamais connu des expériences aussi épuisantes, je ne pourrais jamais jouir du calme délicieux de la soirée, je ne pourrais jamais voir la beauté du troupeau serpentant si lentement sur le pâturage. C'est justement parce que le laboureur a si dur travaillé et si bien fait son ouvrage que sa lassitude se marie si parfaitement avec le repos du crépuscule. Car seuls ceux qui ont courageusement supporté le fardeau et la chaleur du jour peuvent savourer la douceur et la paix du crépuscule. C'est le devoir d'un homme de garder les choses à leur juste place. Je ne veux pas simplement dire qu'il doit garder son chapeau dans le hall et son livre sur l'étagère. Je veux dire que, autant que possible, un homme doit garder son travail au jour et son repos au crépuscule.

Le Dr Chalmers a soutenu que nos soixante et dix années correspondent en réalité à sept décennies correspondant aux sept jours de la semaine. Six d'entre eux, a-t-il dit, devraient être consacrés à des efforts acharnés. Mais le septième est le sabbat du Seigneur ton Dieu et doit être passé dans le calme sabbatique. Cet idéal n'est pas toujours réalisable. D'ailleurs, il n'est pas toujours possible de s'abstenir de travailler le jour dominical. Mais il est bon de le garder devant nous comme un idéal. Nous pouvons au moins décider que, le dimanche, nous n'accomplirons que des actes de nécessité et de miséricorde. Et, de la même manière, nous pouvons décider de laisser le moins de travail possible à faire au crépuscule de la vie. C'est l'un des plus grands prophètes qui nous a dit qu'« il est bon pour un homme de porter le joug dans sa jeunesse ». Si j'étais directeur d'une compagnie d'assurance-vie, j'aurais ce grand mot affiché sur le portail du bureau. Si, en faisant un effort supplémentaire au plus fort de ses forces, un homme peut s'assurer le soir une certaine immunité contre les soucis, il a l'obligation solennelle de le faire. Le laboureur fatigué n'a pas le droit de travailler une fois les vaches rentrées à la maison.

Car, à certains égards, le moment le plus doux de la journée suit l'arrivée des vaches. J'ai l'impression que la plupart des personnes âgées le diraient. Le jour, ils croyaient que les vaches étaient parties pour ne plus revenir. Mais ils sont tous rentrés à la maison. « Et maintenant, dit la vieille Margaret Ogilvy, tout est devenu réalité comme un rêve. Je ne me souviens pas d'une seule petite chose que j'ai réglée dans mes jours vigoureux et qui n'a pas été remise entre mes mains dans mon grand âge. Je suis assis ici inutile, entouré de la satisfaction de tous mes souhaits et de toutes mes ambitions ; et parfois je suis presque terrifié, car c'est comme si Dieu m'avait pris pour une autre femme. Ils ont erré longtemps, c'est-à-dire, et ils ont erré loin. Mais ils sont tous rentrés à la maison – Cherry et Brindle, Blossom et Darkie, Beauty et Crinkle, Daisy et Pearl – ils sont tous rentrés à la maison. Heureux tous ceux qui chantent dans leur âme la chanson de la laitière, et qui ne doutent jamais que lorsque le crépuscule les entourera, les vaches rentreront toutes à la maison !

II

CHAMPIGNONS SUR LA lande

M. GK Chesterton n'aime pas les champignons. C'est le fait le plus saisissant que j'ai glané en lisant, attentivement et avec plaisir, son ouvrage *sur l'ère littéraire victorienne* . Dans son traitement de Dickens, il écrit avec beaucoup de mépris « ce petit Béthel où la mère de Kit est allée », et il le compare à « *un champignon monstrueux* qui pousse dans le clair de lune et meurt à l'aube ». Or, aucun homme vraiment friand de ce champignon esculent et simple n'aurait employé une telle métaphore à titre de dénigrement. Je peux seulement en déduire que M. Chesterton trouve les champignons très méchants. Son opinion sur Little Bethel ne me concerne pas. Ce n'est ni ici ni là-bas. Mais M. Chesterton n'aime pas *les champignons* ! Je n'arrive pas à m'en remettre !

Je suis vraiment désolé pour M. Chesterton. Ce n'est pas seulement une question de goût. Je n'oserais pas opposer mon opinion sur une question de ce genre à la sienne. Mais les autorités sont avec moi. J'ai consulté l'Encyclopaedia Britannica et sa première phrase sur le sujet affirme qu'« il existe peu de membres du règne végétal plus délicieux que le champignon commun ». Je suppose que dans ces domaines, l'association a beaucoup à voir avec cela. Je ne peux pas oublier ces délicieux matins d'été en Angleterre où nous, les garçons, nous levant au rythme de l'alouette, sortions furtivement de la maison comme des cambrioleurs et courions avec nos paniers à travers les prairies odorantes pour ramasser les boutons blancs qui parsemaient les murs étincelants et trempés de rosée. herbe. C'était, comme je l'ai dit dans l'introduction de ce livre, une grande partie de la romance radieuse de l'enfance ! Que de contes notre imagination a tissés dans les ronds de fées sous les ormes ! Nous avons soulevé chaque champignon humide à moitié en nous attendant à voir les brownies et les elfes voler en dessous ! Et avec quel soin redoutable nous avons pris pour ne pas inclure un seul champignon hypocrite parmi nos trésors ! Je crains vraiment que M. Chesterton ait été moins consciencieux. Pour lui, les champignons et les champignons vénéneux se ressemblent tous. Il n'aurait jamais pu se livrer à de telles ébats dans les champs comme nous en jouions lors de ces matins d'été extatiques. Et il n'a donc jamais connu la joie féroce du petit déjeuner qui a suivi lorsque, affamés comme des chasseurs, nous sommes revenus le visage rouge pour nous régaler du butin de notre turbulente incursion. M. Chesterton ne peut pas s'attarder avec tendresse sur des souvenirs aussi courageux. Car M. Chesterton n'aime pas les champignons.

Qu'aurait dit le Moissonneur à M. Chesterton ? Car, pour le héros de Gene Stratton Porter, les champignons étaient à mi-chemin du destin. « Le matin, un soleil éclatant le réveilla et il se leva et trouva la terre fumante.

« Si jamais il y avait une matinée parfaite aux champignons ! » dit-il à son chien. "Il faut se dépêcher, nourrir le bétail et nous-mêmes, et en rassembler !" Le moissonneur prit son petit-déjeuner, nourrit le bétail, attela Betsy au chariot à ressort et s'enfonça dans les bois ruisselants et humides. Si quelqu'un lui avait demandé ce matin-là son idée du paradis, il n'aurait jamais songé à décrire des rues pavées d'or, des piliers de cristal, des portes ornées de joyaux et des trônes d'ivoire. Il vous aurait dit que les bois par un matin humide et ensoleillé de mai étaient le paradis. Il a seulement ouvert son âme à la beauté et a gravi régulièrement la colline jusqu'à la crête, puis a descendu l'autre versant vers les espaces riches, mi-ombragés, mi-ouverts, où de gros champignons rugueux ont poussé en une nuit.

Oui, une matinée de champignons était le paradis pour le récolteur. Et ce sont les champignons qui lui ont fait le premier pas vers la découverte de la fille de ses rêves. Les champignons représentaient le premier de ces escaliers dorés par lesquels il montait à son paradis. Et M. Chesterton n'aime pas les champignons ! Qu'aurait dit le Moissonneur à M. Chesterton ?

Une faible lueur d'espoir que je suis ravi de découvrir. M. Chesterton compare *Little* Bethel à un champignon *monstrueux* . Il ne peut y avoir qu'une seule raison à ce mélange inartistique d'analogie et d'antithèse. M. Chesterton sait évidemment qu'un gros champignon n'est pas aussi sucré ni aussi savoureux qu'un petit. Un « champignon monstrueux », même pour ceux qui aiment les champignons, est grossier et moins savoureux. Maintenant, la lueur d'espoir réside dans le fait que M. Chesterton connaît les fines gradations de gentillesse (ou de méchanceté) qui distinguent les champignons d'une taille des champignons d'une autre. En règle générale, si vous apprenez à connaître une chose, vous l'aimez. M. Chesterton commence à connaître les champignons. Il les commandera bientôt pour le petit-déjeuner. Il peut même venir, comme certaines tribus mentionnées dans l' *Encyclopédie* , pour ne rien manger d'autre ! Et à ce moment-là, il aura peut-être fait la connaissance de Little Bethel. Et s'il le sait, il pourrait l'apprécier. Il le comparera toujours à un champignon. Mais on verra, à la façon dont il le dit, qu'il veut dire que c'est très bien. Nous verrons tout de suite que M. Chesterton aime les champignons. Mais à l'heure actuelle, la dure réalité demeure. M. Chesterton n'aime *pas* les champignons. Richard Jefferies, dans son *Amateur Poacher* , dit que les champignons sont bons crus ou cuits. Le grand naturaliste est donc entièrement du côté de l' *Encyclopédie* . « Les uns mangent les champignons crus, frais comme arrachés du sol, avec un peu de sel ; mais pour moi le goût est alors trop fort. C'est peut-être ainsi que M. Chesterton a pris ses champignons... *et Little Bethel* ! Parmi les nombreuses façons de cuisiner les champignons, poursuit Richard Jefferies, « la plus simple est la meilleure ; c'est-à-dire sur un gril. M. Chesterton donne

l'impression que c'est précisément ainsi qu'il préférerait ses champignons —
et Little Bethel ! Car M. Chesterton n'aime pas les champignons.

Ce qu'il y a de vraiment extraordinaire dans tout cela, c'est que j'aime d'autant
plus les champignons pour la raison même qui amène M. Chesterton à
déverser sur eux son mépris le plus flétrissant et le plus impitoyable. Il les
déteste parce qu'ils surgissent la nuit. Little Bethel est un « champignon
monstrueux qui pousse dans le clair de lune ». Il est parfaitement vrai que
Little Bethel, comme les champignons, prospérait dans l'obscurité. Comme
Mark Tapley, elle était à son apogée lorsque son environnement était le plus
morne. À cet égard, l'église et les champignons sont en excellente compagnie.
Beaucoup de belles choses poussent pendant la nuit. En effet, Sir James
Crichton-Browne, le grand médecin, dans sa conférence sur le « Sommeil »,
affirme que tout ce qui pousse grandit pendant la nuit. La nuit est la période
de croissance de la nature. Michael Fairless partageait désormais le penchant
de Richard Jefferies pour les champignons. Chaque lecteur de *The Roadmender*
se souviendra de la nuit dans les bois. « Pendant la nuit calme, j'ai entendu les
rossignols appeler, appeler, appeler, jusqu'à ce que je n'en puisse plus, et je
suis sorti doucement dans l'obscurité lumineuse. Le bois était multiple de
sons. J'entendais mes petits frères qui se déplaçaient la nuit bruissant dans
l'herbe et les arbres ; et au-dessus et à travers tout cela, tous les rossignols
chantaient, chantaient et chantaient ! Le vent nocturne courbait les arbres qui
écoutaient, et les étoiles aspiraient à entendre vers la terre le chant de l'amour
immortel. De plus en plus fortes, les notes merveilleuses montaient et
descendaient dans une passion mélodique, puis s'abaissaient pour se reposer
sur cet appel grave et palpitant que la Mort, dit-on, entendit autrefois et lui
retint la main. Il y eut enfin le silence. L'aube grise s'est réveillée et s'est glissée
avec ses robes traînant sur le sol terrestre. Ramassant un tas de champignons,
enfants de la nuit , je me dépêche de rentrer chez moi.

Les rossignols, les *chanteurs* de la nuit !

Les champignons, les *enfants* de la nuit !

Ces *chanteurs* de la nuit et ces « *enfants* de la nuit » me font presque penser à
Faber :

Anges de Jésus, anges de lumière,
Chantant pour accueillir les pèlerins de la nuit !

Mais M. Chesterton n'aime pas « les *enfants* de la nuit ».

Maintenant, nous devons vraiment apprendre de meilleures manières. Il ne
faut pas mépriser les choses, soit parce qu'elles surgissent soudainement, soit
parce qu'elles surgissent la nuit. Dans cette affaire, nous, Australiens, vivons
dans des maisons de verre et ne devons pas jeter la pierre. M. Chesterton
marche sur nos cors de compagnie. Car l'Australie et l'Amérique sont les

deux « champignons les plus monstrueux » de la planète ! Comme les nations dont le prophète a parlé, elles sont « nées en un jour ». Pensez à ce qui s'est passé en Amérique au cours des dix courtes années entre 1830 et 1840 ! Aucune nation dans l'histoire du monde ne peut produire un record aussi étonnant ! En 1830, l'Amérique disposait de 23 milles de chemin de fer ; en 1840, elle en avait 800. En 1830, le pays présentait toutes les caractéristiques les plus sauvages des premiers établissements coloniaux ; en 1840, c'était une nation grande et peuplée. En 1830, Chicago était un fort frontière ; en 1840, Chicago était une ville. En 1830, la population du Michigan était de 32 000 habitants ; en 1840, ils étaient 212 000. C'est également au cours de cette décennie sensationnelle que les premiers bateaux à vapeur traversèrent l'Atlantique. Et l'esprit de l'époque se reflétait dans la richesse littéraire dont l'Amérique devint propriétaire à cette époque extraordinaire. Whittier et Longfellow, Oliver Wendell Holmes et Nathaniel Hawthorne, Emerson et Bancroft, Poe et Prescott, sont tous apparus au cours de cette période mouvementée et se sont fait des noms qui sont devenus classiques et immortels. Voici un champignon monstrueux pour vous ! Ou, pour passer des choses d'hier aux choses d'aujourd'hui, voyez comment, à l'ombre des montagnes Rocheuses, les villes canadiennes se développent à notre époque avec une rapidité absolument incroyable. Non non; M. Chesterton ne doit pas parler de champignons de manière désobligeante !

Et regardez la rapidité avec laquelle ces jeunes nations sous la Croix du Sud ont vu le jour ! Je me souviens d'avoir été au bord de la mer en Nouvelle-Zélande, discutant avec deux vieux baleiniers, qui m'ont raconté le temps qu'ils ont passé avant l'arrivée des premiers navires d'émigrants, lorsqu'ils étaient les seuls hommes blancs à des centaines de kilomètres à la ronde. Et maintenant! Eh bien, au cours de leur propre vie, ces hommes avaient vu naître une grande nation ! Voilà, je le répète, les champignons sont faits pour vous !

Mais les champignons poussent-ils vraiment aussi soudainement qu'ils semblent le faire ? Dan Crawford nous raconte qu'en Afrique centrale, si un jeune missionnaire tente de prouver l'existence de Dieu, les indigènes rient et, désignant les merveilles de la nature alentour, s'exclament : « *Pas de pluie, pas de champignons !* » En effet, ils veulent dire, sans aucune raison adéquate. S'il n'y avait pas de Dieu, d'où venaient la forêt et la faune ? Or, ce proverbe africain est très suggestif. "Pas de pluie, pas de champignons." Le champignon, en d'autres termes, a ses racines dans d'anciennes tempêtes de pluie, dans des forêts tombées et dans d'anciennes expériences climatiques trop subtiles pour être retracées. J'ai lu le manuel du Dr Cooke et lui et M. Cuthill m'ont convaincu qu'il faut environ un million d'années pour faire pousser un champignon. Les conditions dans lesquelles le champignon surgit soudainement sont aussi vieilles que le monde lui-même. Et cette même considération sauve l'Amérique et l'Australie du mépris. Car l'Amérique et l'Australie – ces nations champignons – sont très, très anciennes. Le Dr Stanley Hall, président de l'Université Clark, parlait de cet aspect des choses l'autre jour. « D'un point de vue psychologique très important, dit-il, notre pays n'est pas historique. Notre constitution même est née à Minerve. (C'est une façon classique de dire qu'elle est née d'un champignon.) « Notre littérature, nos coutumes, nos modes, nos institutions et notre législation ont été héritées ou copiées, et notre religion n'était pas une croissance indigène graduelle, mais son esprit et ses formes étaient importés tout faits de Hollande, de Rome, d'Angleterre et de Palestine. Aucun pays n'est aussi précocement vieux pour ses années. Il s'ensuit donc que l'Australie est aussi vieille que l'Empire. Et l'Empire a ses racines là où le premier homme a fouillé. Nous ne devons pas nous laisser tromper par la tromperie des apparences. Ces choses nouvelles sont très anciennes. « Combien de temps vous a-t-il fallu pour peindre ce tableau ? » » quelqu'un a demandé à Sir Joshua Reynolds. ' *Toute ma vie!* ' il a répondu.

Tout le monde peut faire pousser de belles fleurs pendant la journée. Mais que peut-on cultiver dans le noir ? C'est tout le défi des champignons : *que peut-on faire pousser dans le noir* ? « Les nuits sont le test ! » comme disait Charlotte Brontë. Quand les choses étaient aussi noires que le noir pouvait l'être, la pauvre Charlotte écrivait : « Les jours passent dans une marche lente et sombre ; les nuits sont l'épreuve ; les réveils soudains d'un sommeil agité, la connaissance ravivée qu'une sœur repose dans sa tombe et une autre non pas à mes côtés, mais dans un lit séparé et malade. *Les nuits sont le test* . Ils le sont effectivement. Dites-moi : pouvez-vous développer la foi, le repos, la patience et un cœur tranquille dans l'obscurité ? Si tel est le cas, vous ne parlerez plus jamais de champignons avec mépris.

Eh bien, mon cher, certaines des choses les plus belles de notre monde poussent soudainement, comme le champignon, et poussent dans l'obscurité ! Dean Hole racontait comment il était devenu prédicateur. Pendant des années, il ne pouvait quitter son manuscrit des yeux. Puis, un dimanche soir, la lumière s'est soudainement éteinte. Son manuscrit était inutile et il se retrouva à parler cœur à cœur à son peuple. L'éloquence pour laquelle il fut ensuite célèbre apparut en un instant, et apparut dans l'obscurité ! Et j'aime beaucoup cette histoire du vieux soldat américain. Il était aveugle, mais très heureux et portait toujours sa médaille sur la poitrine.

« Que faites-vous en ces jours d'obscurité ? quelqu'un lui a demandé.

'Faire?' » répondit-il presque avec mépris. «Eh bien, je remercie Dieu d'avoir eu pendant cinquante ans le don de la vue. J'ai vu Abraham Lincoln et j'ai entendu les clairons appeler à la victoire de la Vérité et de la Justice. Je reviens à ces scènes maintenant et je les réalise à nouveau. J'ai perdu la vue, mais *la mémoire est née de nouveau dans le noir* .

Si donc on laisse mépriser les champignons, simplement parce qu'ils poussent subitement et qu'ils poussent pendant la nuit, nous trouverons bientôt d'autres belles choses, bien plus précieuses, soumises à la même cruelle condamnation. Et qu'en est-il d'une conversion soudaine ? Pensez à *Down in Water Street* , *aux faïences brisées* et *aux diverses expériences religieuses* ! Qu'en est-il de cet événement formidable sur la route de Damas ? Le geôlier philippien aussi ! Voyez-le, avec un sourire sinistre de satisfaction, enfermer les apôtres dans leur terrible cachot ; pourtant, avant la fin de la nuit, il baigne tendrement leurs rayures et les soigne avec toutes les douces grâces de la courtoisie et de la compassion chrétiennes ! Un champignon monstrueux qui poussait dans la nuit, diriez-vous ? En tout cas, il n'est pas mort à l'aube. « Minerva donne naissance » à ceux-ci, avec vengeance. Quant à moi, je n'ai que du respect pour les champignons. Ils font partie des merveilles d'un monde très merveilleux.

III

OIGNONS

Juste le long de la vieille route semée d'ornières qui serpente à travers la brousse en direction de Bulman's Gully, vit un pauvre vieil homme qui s'imagine qu'il n'est d'aucune utilité au monde. Je vais lui envoyer un oignon. Je suis convaincu que cela le guérira de son mal le plus affligeant. Je vais l'envelopper dans du papier de soie, l'emballer dans une jolie boîte, l'attacher avec des rubans de soie et l'envoyer sans attendre. Aucun cadeau ne pourrait être plus approprié. L'argument du bon homme est très plausible, mais un oignon fera ressortir tous ses défauts. Il pense, parce qu'il n'entend jamais aucune voix claironner sa renommée ou chanter ses louanges, qu'il n'a donc aucune valeur réelle aux yeux de ses semblables. Y a-t-il quelque chose de plus absurde ? Qui a déjà entendu un panégyrique faisant l'éloge des oignons ? A quel concert la chanson de l'oignon a-t-elle été chantée ? Les roses et les violettes, les marguerites et les jonquilles sont le thème de chaque paruline ; mais quand l'oignon est-il adulé ? Parcourez vos grands poètes et montrez-moi l'épopée, ou même le sonnet, adressé à l'oignon ! Devons-nous donc supposer que les oignons n'ont aucune valeur dans un monde comme celui-ci ? Quelle richesse de piquant appétissant disparaîtrait de nos tables si l'oignon ne venait plus ! En tant que condiment, aliment et médicament, l'oignon est tout simplement inestimable ; pourtant aucun orateur ne se perd jamais dans des transports rhétoriques en l'honneur des oignons ! Il n'est clairement pas prudent de supposer que parce que nous ne recevons pas beaucoup d'éloges, nous ne gagnons pas beaucoup d'argent. C'est pourquoi je réitère ma suggestion selon laquelle si l'on sait qu'un homme est déprimé à cause de son apparente inutilité, ce serait un service rendu à l'humanité en général, et à ce membre de la race en particulier, de lui envoyer un oignon.

« Je bénis toujours Dieu d'avoir créé quelque chose d'aussi fort qu'un oignon ! s'écria William Morris avec un bel et caractéristique élan de ferveur. C'est là le point : un oignon est si fort. La force même d'une chose milite souvent contre les applaudissements. Si un homme fort soulevait un sac de pommes de terre, nous n'y penserions plus ; mais si un écolier le ramassait et s'enfuyait avec, nous serions bouche bée d'étonnement. Nous prenons pour acquis la force du fort ; c'est la force des faibles que nous applaudissons. Si un homme est connu pour être bon, utile ou grand, nous traitons sa bonté, son utilité ou sa grandeur comme l'un des facteurs donnés du problème complexe de la vie, et nous l'écartons immédiatement de notre esprit. C'est lorsque la bonté, l'utilité ou la grandeur éclatent dans des endroits inattendus ou chez des personnes inattendues que nous crions bruyamment nos louanges. Nous applaudissons les chanteurs lors d'un concert parce que cela nous semble une incongruité si étonnante et si délicieuse qu'une créature aussi pratique et prosaïque que l'homme éclate soudainement en mélodie ; mais quand les anges chantaient à Bethléem, les bergers ne pensaient jamais à applaudir. L'oignon est donc en compagnie des anges. Je ne suis pas surpris que les Égyptiens aient accordé à l'oignon des honneurs divins et gravé son image sur leurs monuments. Je suis prêt à admettre que les oignons ne bougent pas dans l'atmosphère de sentiment et de poésie. Des larmes ont coulé à cause des oignons, comme le savent toutes les femmes au foyer. Shakespeare parle des larmes qui vivent dans un oignon. Mais, comme Shakespeare le laisse entendre, ce sont des larmes de crocodile, sans tendresse et sans émotion. Le vieux John Wolcott, le satiriste, raconte comment

. . . . . . Maître Broadbrim
s'est penché sur le testament de son père et a laissé tomber la larme d'oignon.

Et Bernard Shaw parle du « mouchoir du croque-mort, dûment orné d'une phrase pathétique ». Non, les oignons ne se prêtent ni à la passion ni au pathétique. Vous ne décoreriez guère l'église avec des oignons pour le mariage de votre sœur, ni ne planterais une rangée d'oignons sur la tombe d'un héros. Et pourtant, je ne sais pas pourquoi. Car, dans un cadre approprié, une touche de romance chaleureuse peut éclairer un thème aussi apparemment prosaïque. L'arrivée des hirondelles au printemps n'est guère un événement plus délicieux en Cornouailles que l'arrivée annuelle des vendeurs d'oignons de Bretagne. Quel monde pittoresque nous envahissons lorsque nous arrivons parmi ces vieux villages de pêcheurs de rêve qui parsèment la côte des Cornouailles !

Des brumes d'or sur la mer et le ciel,
Les collines sont enveloppées de voiles d'argent, Les bateaux de pêche à l'ancre reposent, Et ne battent pas leurs voiles orange oisives.

Le front de mer sauvage et accidenté évoque lui-même une riche romance et rappelle une aventure audacieuse. Les contrebandiers, les pirates, les naufrageurs et les marins espagnols connaissaient parfaitement chaque falaise et chaque promontoire. Et, même si le monde au-delà a changé, ces minuscules hameaux ont triomphalement défié les dents du temps. Ils ne connaissent aucune modification. Le brogue du peuple est étrange mais rythmé et, bien qu'agréable à entendre, très difficile à comprendre pour le commun des mortels. Les pêcheurs, avec leurs formes robustes et robustes, leurs traits bronzés et vieillis, leurs yeux sombres et idylliques, leur peau bronzée et basanée, leurs vêtements étranges et surannés, ainsi que leur air général de filles de l'océan. et les fils de la tempête semblent être une race à part. Et celui qui reste assez longtemps parmi eux pour se laisser contaminer par le charme de leur vie isolée et bien ordonnée sait que l'un des événements de leur année sans incident est l'arrivée des vendeurs d'oignons d'outre-mer.

La connexion historique entre la Cornouaille et la Bretagne est très ancienne et constitue un roman en soi. Les côtes anglaises et françaises, lorsqu'elles se font face là-bas, sont très semblables : brisées, escarpées et grandioses. Les peuples vivent à peu près le même genre de vie des deux côtés de la Manche. Et lorsque les vendeurs d'oignons viennent de France, ils sont accueillis avec enthousiasme par les Cornouailles, et bien qu'ils parlent leur propre langue, ils sont parfaitement compris. Voir! il y a l'un des vendeurs d'oignons bretons se prélassant parmi un groupe de pêcheurs près de la porte de ce vieux cottage pittoresque de Cornouailles, tandis que la femme se tient dans l'embrasure de la porte ouverte, les bras levés, écoutant l'étranger raconter les choses qu'il a. vu outre-Manche depuis sa dernière visite sur cette côte. Et là-haut sur la colline, sur la vieille bâtisse branlante, sous l'enseigne grinçante de l'auberge du village, se trouve un autre groupe de ce type. En contemplant ces visages masculins mais bienveillants, je suis à moitié enclin à retirer mon aveu trop hâtif que les oignons n'ont rien de sentimental, de poétique ou de romanesque.

Cela me semble toujours drôle à propos des oignons que, même si un homme aime les oignons eux-mêmes, il déteste les choses qui sont *des oignons* . Donnez-lui des oignons, et il les dévorera avec un goût magnifique. Mais, à cause d'un dérapage dans la cuisine, que son porridge ou son thé aient un goût d'oignon, et son visage ironique est un spectacle à voir ! Un de mes amis possède un grand rucher. Un été, il était très heureux des immenses réserves de miel que ses abeilles récoltaient. Puis, un jour épouvantable, il y goûta. Le délicat petit carré de peigne, suintant du liquide qui en sortait, était passé autour de la table. L'horreur était sur tous les visages ! Il s'est avéré que les abeilles avaient découvert une grande plantation d'oignons à une certaine distance et qu'elles avaient rassemblé leurs lourdes provisions dans cette source odorante et contaminée ! Quoi de plus abominable, même pour un amateur d'oignons, que le miel d'oignons ? On se souvient de Thackeray et de ses sandwichs à l'oignon. Maintenant, pourquoi est-il possible pour moi d'aimer les oignons et de détester tout ce qui concerne l'oignon ? Le fait est que le monde possède quelques choses vigoureuses, décidées, élémentaires, qui refusent absolument d'être modifiées ou édulcorées. « Les oignons, c'est les oignons ! » » comme l'a fait remarquer un personnage de fiction bien connu lors d'une occasion mémorable, et il y a un monde de signification dans cette simple affirmation. Il y a des choses qui sont aussi vieilles que le monde et aussi universelles que l'homme, et qui sont trop vives et prononcées pour humilier leur orgueil ou compromettre leur propre gloire distinctive. Le choc exquis du baigneur alors que son corps nu plonge dans la marée qui coule ; le recul instinctif à la vue pour la première fois d'un corps humain mort ; le frisson délicieux avec lequel l'amant presse pour la première fois les lèvres de sa dame ; le rugissement terrifiant d'un lion, l'écarlate éclatant d'un coquelicot et la saveur inimitable d'un oignon - ce sont parmi les quantités les plus familières au monde, les choses qui refusent d'être modifiées ou changées. Vous pourriez aussi bien demander une glace sans vous détendre qu'une édition diluée de l'une de ces choses vivantes et primitives. Les oignons peuvent être considérés par un homme comme tout simplement délicieux, mais le miel d'oignons ou le thé d'oignons ! Le plongeon du baigneur est un ravissement pour tous les nerfs piquants et surpris de son corps, mais se tenir debout jusqu'aux chevilles dans les vagues, frissonnant les bras croisés dans la brise qui disperse les embruns ! La vie est pleine de choses délicieuses qui sont un transport pour l'âme si on les prend telles qu'elles sont, mais qui deviennent un tourment et une abomination si on les édulcore. Et c'est justement parce que le christianisme lui-même est une chose si distinctive, si remarquable, si audacieusement prononcée, que nous insistons sur son caractère pur. Même un mondain estime qu'un chrétien, pour être tolérable, doit être à l'écart. L'homme qui édulcore sa religion est comme le baigneur frissonnant qui, sentant l'eau froide et froide lui chatouiller les orteils, ne trouve pas le courage de plonger ; il est comme l'homme qui veut une glace sans se rafraîchir ; il est comme le miel d'oignons ou le thé d'oignons !

Bien entendu, un homme ne peut pas vivre d'oignons. Les oignons ont leur place et leur utilité et, comme je l'ai dit, ils sont tout simplement inestimables. Mais ils doivent rester à cette place et dans ce but. La tendance moderne est de ne manger que des oignons. Nous sommes rapidement victimes d'une parfaite passion pour le piquant. Il fut un temps où nous attendions que nos journaux nous disent la vérité, toute la vérité et rien que la vérité. Nous ne nous soucions pas de la vérité maintenant, du moment qu'ils nous font vibrer. Il nous faut des oignons. On exigeait du romancier une histoire d'amour ; maintenant, il doit être morbidement sexuel et terriblement sensationnel. Nos grands-pères allaient à un spectacle de lanternes magiques et pensaient que c'était une folie furieuse. Et le dimanche, ils priaient. «De la foudre et de la tempête; de la peste, de la peste et de la famine ; du combat, du meurtre et de la mort subite, bon Dieu, délivre-nous ! » Leurs petits-enfants prient : « De toutes les églises et chapelles, Bon Dieu, délivre-nous ! Et pendant la semaine, ils aiment voir toutes les horreurs sanglantes de la foudre et des tempêtes ; de la peste, de la peste et de la famine ; de batailles, de meurtres et de morts subites, se déroulant sous leurs yeux de départ sans aucun scintillement pour leur rappeler que le film n'est qu'un film. Les drames, les danses et les costumes de l'époque renforcent mon affirmation. L'appel est aux oignons, et plus c'est fort, mieux c'est. Ce n'est pas un signe sain. M. HG Wells, dans sa description graphique des changements qui ont surmonté Bromstead et l'ont transformé de champs verts en bidonvilles crasseux, dit qu'il a remarqué qu'à chaque fois que je passais devant la voie ferrée, il semblait y avoir de plus en plus de panneaux annonçant des pilules et des cornichons. , toniques et condiments, et autres sollicitudes similaires d'un peuple sans santé ni appétit naturels. Les pilules, c'est-à-dire, suivaient le rythme des cornichons. Plus Bromstead mangeait de cornichons, plus Bromstead voulait de pilules. C'est là le pire de la passion du piquant. L'âme devient malade si elle se nourrit de sensations. Les oignons sont des choses magnifiques, mais on ne peut pas vivre d'oignons. Les cornichons mènent inévitablement aux pilules.

Mais ce n'est pas tout. Car le problème est que, si je développe un appétit démesuré pour les oignons, je perds tout goût pour les aliments plus délicatement aromatisés. L'exemple le plus impressionnant d'une telle tragédie alimentaire se trouve dans ma Bible. « Les enfants d'Israël pleuraient et disaient : « Nous nous souvenons des *oignons*, mais maintenant il n'y a plus rien que *cette manne* devant nos yeux ! » Les oignons semblent avoir un lien particulier avec l'Égypte. Hérodote nous raconte que les hommes qui construisirent les pyramides se nourrissaient d'oignons, même s'il était interdit aux prêtres d'y toucher. « Nous nous souvenons des oignons ! » s'écrièrent les enfants d'Israël en regardant l'Égypte avec nostalgie, mais maintenant nous n'avons plus que cette manne ! Les oignons ont en fait détruit leur appétit pour la nourriture des anges ! C'est là, je le répète, l' aspect le plus triste de notre passion moderne et insatiable pour le piquant. Si je laisse mon âme s'absorber dans le roman sensationnel, le drame époustouflant et le film à glacer le sang, je me retrouve à perdre l'appréciation des choses les plus belles et les plus douces de la vie. Je ne me glorifie plus, comme autrefois, de la douceur de l'air du matin et du scintillement de l'herbe trempée de rosée ; dans le ruisseau purulent et les collines drapées de fougères ; dans les vagues ondulantes et les étoiles scintillantes. Le bond du lièvre et le vol de l'oiseau de mer perdent pour moi leur charme. Le monde est privé de ses merveilles et de sa sorcellerie lorsque mes yeux s'habituent à l'éclat criard et aveuglant. On a demandé à Jenny Lind pourquoi elle avait renoncé à la scène. Elle était en ce moment assise sur le sable au bord de la mer, avec sa Bible sur les genoux. Elle a pointé son interlocuteur vers le soleil couchant, transformant l'océan en une mer de gloire. « J'ai découvert, dit-elle, que je perdais le goût de cela et, levant sa Bible, mon goût de ceci ; alors j'ai abandonné !' C'était une femme sage. Les oignons sont de belles choses à leur manière. Dieu a sans aucun doute laissé une place dans Son monde aux choses fortes, vives et élémentaires. Mais il faut les garder à cet endroit. Dieu a répandu sur le sol autour de moi la nourriture que mangent les anges, et je ne dois permettre à rien sur terre de détruire mon goût pour une nourriture aussi sublime et merveilleuse.

IV

POUR SURMAINTENIR LES CHOSES

On surmonte les choses. C'est la faculté la plus étonnante que nous possédons. Guerre ou peste ; sécheresse ou famine; incendie ou inondation ; ce n'est pas important. Aussi dévastatrice que soit la catastrophe, aussi effroyable que soit le massacre, aussi totale que soit l'éclipse, nous surmontons nos chagrins et nous nous retrouvons toujours souriants lorsque la tempête est passée. Je me souviens avoir pénétré une fois dans l'intérieur sauvage et désolé de la Nouvelle-Zélande. Depuis une éminence déchiquetée et solitaire, j'ai contemplé un paysage qui faisait presque peur. Pas une maison n'était en vue, ni une route, ni un être vivant, ni aucun signe de civilisation. J'ai regardé dans toutes les directions ce qui semblait avoir été l'œuvre de Titans en colère. À perte de vue, la terre autour de moi semblait avoir été un champ de bataille sur lequel une armée de géants s'étaient lancés des montagnes. Le pays tout entier était brisé, étrange, escarpé et grandiose. Dans toutes les directions, d'immenses falaises s'élevaient à pic autour de vous ; des abîmes sans fond béaient à vos pieds ; et chaque sommet escarpé et chaque rocher coléoptère se renfrognaient d'un air menaçant face à votre petitesse et se renfrognaient à votre approche. On se demandait par quelles forces titanesques le pays avait été si impitoyablement écrasé, effondré et déchiqueté. Un œil surpris a-t-il été témoin de cette ébat volcanique ? Quel spectacle cela a dû être de voir ces imposantes chaînes se diviser et se disperser ; avoir vu les paisibles hauteurs enneigées frémir, comme des vases fragiles, en fragments ; avoir vu les montagnes secouées comme des cailloux ; avoir vu les vallées déchirées, déchirées et tordues ; et les rivières se retirèrent avec terreur pour se créer tant bien que mal de nouveaux canaux ! Ce devait être un spectacle effrayant et merveilleux d'avoir observé les forces endormies de l'univers dans un tel élan de passion ! La nature a dû désespérer de son paysage calme et sylvestre. « C'est ruiné », sanglotait-elle ; 'ça ne pourra plus jamais être pareil !' Non, ça ne pourra plus jamais être pareil. Les couleurs vives du kaléidoscope ne forment pas une seconde fois la même mosaïque. Mais la nature a pour autant surmonté son chagrin. A voir ! Tout au long de ces vallées torturées et anguleuses, le grand buisson à feuilles persistantes pousse avec une profusion luxueuse. Chaque pente est densément recouverte d'un glorieux enchevêtrement de magnifiques forêts. Depuis les branches qui s'agitent triomphalement des hauteurs vertigineuses jusqu'à celles qui se mêlent aux mousses délicates de la vallée, la verdure ne connaît nulle part de pause. Même sur les parois rocheuses abruptes, la végétation persistante trouve, d'une manière ou d'une autre, un point d'ancrage précaire ; et là où les arbres craignent de s'aventurer, le lichen expie leur absence. Dans chaque fissure et recoin, les fougères poussent leurs frondes gracieuses. C'est une merveilleuse reprise. En effet, le paysage vaut vraiment mieux être vu aujourd'hui qu'en ces jours tranquilles, il y a des siècles, avant que les Titans ne se mettent en colère et ne commencent à briser les sommets.

Les voyageurs en Amérique du Sud commentent fréquemment le même phénomène. Prescott nous raconte comment Cortes, lors de sa marche historique vers le Mexique, a traversé des régions autrefois éclairées par des incendies volcaniques. Le pays tout entier avait été balayé par les flammes et déchiré par la fureur de ces effroyables éruptions. A mesure que le voyageur avance, sa route longe de vastes étendues de lave, hérissées des innombrables formes fantastiques dans lesquelles le torrent ardent a été jeté par les obstacles de sa course. Mais alors qu'il jette les yeux sur une pente abrupte, ou sur un ravin presque insondable, au bord de la route, il voit leurs profondeurs rayonner des riches fleurs et de la végétation émaillée des tropiques. Sa vision s'étend sur des plaines d'une fertilité exubérante, presque imperméables aux bosquets d'arbustes aromatiques et de fleurs sauvages, au milieu desquelles se dressent des arbres de cette végétation magnifique qu'on ne trouve que sous ces latitudes. C'est un panorama enivrant de couleurs brillantes et de parfums les plus doux. Kingsley et Wallace remarquent également ces grandes déchirures et entailles volcaniques qui ont été guéries par une verdure d'une rare magnificence et des orchidées d'une beauté surpassante. « Même les jardins d'Angleterre étaient un désert en comparaison ! Tout autour d'eux étaient des orangers et des citronniers dont les fruits, dans cette étrange lumière colorée des lucioles, brillaient à leurs yeux comme des boules d'or bruni et d'émeraude ; tandis que de grands glands blancs, se balançant de chaque arbre dans la brise qui balayait la clairière, leur jetaient au visage une neige odorante de fleurs et des gouttes scintillantes de rosée parfumée. C'est ainsi que, comme l'huître qui cache sa cicatrice sous une perle, la Nature guérit ses blessures avec beauté. Elle se remet des choses.

Et nous aussi. Car, après tout, le monde qui nous entoure n'est qu'une ombre, une ombre passagère et vacillante, du monde réel et plus vaste qui est en nous. Oui, le monde incomparablement plus grand qui est en nous ; car qu'est-ce qu'un monde d'herbe et de granit comparé à un monde de sang et de larmes ? Qu'est-ce que le déchirement d'une Alpes comparé au bris d'un cœur ? Qu'est-ce que le souffle d'une tornade, le rugissement d'un feu de prairie ou le tonnerre retentissant d'une avalanche, comparés au cri d'un enfant qui souffre ? Toutes les choses visibles, comme Carlyle nous l'a enseigné, sont des emblèmes. Ce que tu vois n'est pas là pour lui-même ; à proprement parler, il n'y en a pas du tout. La matière n'existe que spirituellement, et pour représenter une idée et la donner forme. L'âme est sujette à de grands processus volcaniques. Il lui arrive des heures tragiques et terribles où toutes ses profondeurs sont brisées, tous ses repères brisés et tous ses ruisseaux brutalement refoulés. Pour le bonheur ou pour le malheur, tout est soudainement et étrangement changé. Au milieu du fracas de la ruine et de la perte de tout, l'âme sanglote sa lamentation pitoyable. « Tout est parti ! » ça pleure. « Je ne pourrai plus jamais être le même ! Je ne pourrai jamais m'en remettre ! » Mais le temps est un grand guérisseur. Son toucher est si doux que le pauvre patient n'a pas conscience de sa pression. Les jours passent, les semaines, les mois et les années. Comme les arbres qui partent des parois rocheuses et les fougères qui rampent dans tous les recoins de l'horizon en ruine, de nouveaux intérêts s'infiltrent imperceptiblement dans la vie. De nouveaux visages, de nouveaux amours, de nouvelles pensées et de nouvelles sympathies arrivent. Le cœur réagit aux nouvelles influences et refuse courageusement de mourir. Et tandis que les jours morts sont embaumés dans les épices les plus précieuses et reposent dans le lieu le plus saint du temple de la mémoire, l'âme découvre avec surprise qu'elle a surmonté le choc cruel d'un naufrage antérieur et qu'elle peut à nouveau saluer la mer.

J'écris en temps de guerre. La situation est sans précédent. Une douzaine de nations sont aux prises avec la mort les unes contre les autres. Vingt millions d'hommes sont sur le terrain. Chaque heure nous apporte des nouvelles de navires coulés, de régiments anéantis, de milliers de braves massacrés. Jamais, depuis la création du monde, autant d'hommes ne se sont tordus dans une angoisse mortelle, autant de femmes n'ont pleuré, autant d'enfants n'ont pas eu de père. Et tandis que cent mille femmes savent qu'elles ne verront plus le visage qui représentait pour elles tout le monde, des millions d'autres dorment sans sommeil avec une peur lancinante et une anxiété terrible. Et chaque jour, j'entends des hommes bons se plaindre que le monde ne pourra plus jamais être le même. « Nous ne nous en remettrons jamais ! Ils me disent. C'est la vieille erreur, l'erreur que nous commettons toujours au moment de notre triste et amère douleur. « Nous ne nous en remettrons jamais ! Bien sûr que nous le ferons ! Et comme les champs sont plus doux et les fleurs exhalent un parfum plus riche, après que les nuages d'orage se soient brisés et que la tempête ait épuisé sa force, ainsi nous nous retrouverons à vivre dans un monde plus doux lorsque l'angoisse d'aujourd'hui sera passée. passé. Une grande partie de notre ancienne civilisation, avec son vernis de politesse et son cœur de barbarie, aura été déchirée comme les chaînes de montagnes ont été déchirées par le tremblement de terre. Mais des décombres viendra un jour plus sain. Les blessures guériront comme elles guérissent toujours, et les cicatrices resteront comme elles restent toujours ; mais ils resteront pour nous mettre en garde contre la perpétuation de nos anciennes folies. Les empires ne considéreront plus jamais leur militarisme comme leur fierté.

Assurément, ce torrent de sang qui coule à travers les tranchées et cramoisie les mers est du sang sacrificiel ! C'est un principe ancien, et de la plus haute sanction, qu'il est parfois bon qu'un seul homme meure afin que plusieurs puissent être sauvés de la destruction. Si, de son agonie actuelle, le monde émerge dans la paix et le soleil d'un jour plus saint, tous les hommes qui ont donné leur vie dans cette terrible lutte seront morts de cette manière sacrée et par procuration. Cette génération aura pleuré, saigné et souffert pour que les générations à naître puissent rester indemnes. C'est la vieille histoire :

Aucun mortel ne naît sans la rosée
D'une douleur solennelle sur le front de sa mère ; Il n'y a de rendement
doré de la récolte que par le labeur et le déchirement de la charrue.

Ce n'est que par la Croix que le Sauveur des hommes a trouvé le chemin de la joie qui lui était proposée, et le monde ne peut donc pas espérer s'épanouir par un chemin sans effusion de sang.

Les forces de récupération qui se cachent en nous sont ce qu'il y a de plus divin en nous. Je me suis coupé la main ; et, avant que le couteau ne soit complètement sorti de l'entaille, un million d'agents invisibles sont à l'œuvre pour réparer les dégâts. C'est notre faculté irrépressible de surmonter les difficultés. Aucun ministre ne peut avoir manqué, à un moment ou à un autre, de s'étonner devant elle. Nous avons tous connu des hommes qui non seulement étaient méchants, mais qui portaient dans leur corps les marques de leur vice. C'était imprimé sur le visage ; cela était évident dans la courbure du cadre ; il s'est trahi dans un mouvement qui aurait dû être un pas. Nous avons connu de tels hommes, dis-je, et entendu leurs pitoyables aveux. Et ce qu'il y avait de plus déchirant chez eux, c'était leur désespoir. Ils pouvaient croire que l'amour de Dieu était assez vaste pour leur trouver une place ; mais regarde ! 'Regardez-moi !' un homme m'a dit une nuit, se souvenant de ce qu'il était autrefois et examinant les décombres qui restaient : « regarde-moi ! Et c'était vraiment un spectacle à faire pleurer les anges. « Je ne pourrai plus jamais être le même », dit-il en effet, « je ne pourrai jamais m'en remettre ! » Mais il l'a fait ; et il y a autant de différence entre l'homme que j'ai vu cette nuit-là et l'homme qui me salue aujourd'hui qu'il y en avait entre l'homme dont il se souvenait et celui qu'il observait alors. Il est merveilleux de voir comment l'ancienne lumière revient à l'œil, l'ancienne grâce à la forme, l'ancienne vigueur au pas, et comment, avec celles-ci, une nouvelle douceur s'insinue dans le visage et une nouvelle douceur dans la voix lorsque les choses qui les blessures sont jetées et les pouvoirs de guérison ont leur chance. C'est seulement alors que l'on découvre vraiment la merveille de s'en remettre.

En effet, si nous ne sommes pas sur nos gardes, cette faculté magique entraînera notre perte. La tendance est, comme nous l'avons vu, à revenir à notre état antérieur, à se remettre du changement. Et les forces qui œuvrent dans cette direction ne s'arrêtent pas pour se demander si le changement qui s'est produit est un changement pour le meilleur ou pour le pire. Ils savent seulement qu'un changement cataclysmique s'est produit et qu'il est de leur devoir de nous aider à retrouver notre condition première et naturelle. Mais il y a des changements qui nous submergent parfois et dont nous ne souhaitons pas nous remettre ; et nous devons veiller sans relâche contre les forces bien intentionnées qui ne vivent que pour abolir tous les signes d'altération. Aucun homme ne s'est encore abandonné à son ancien moi et n'est entré dans une nouvelle vie sans être conscient que des millions de travailleurs invisibles étaient à l'œuvre pour annuler le changement qui avait été opéré. Ils l'aident à s'en remettre, et il doit fermement refuser leurs fonctions mal orientées.

"'Père!" dit le jeune Dr Ralph Dexter au vieux docteur dans *The Spinner in the Sun* , "père ! c'est peut-être parce que je suis jeune, mais je porte très fortement devant moi les idéaux de notre profession. Cela me semble un très vie belle et merveilleuse qui s'ouvre devant moi, toujours pour aider, donner, guérir. J'ai l'impression d'avoir été consacré à une vocation sacrée, à un service permanent, et le service signifie la fraternité.

" " *Vous vous en remettrez !* " répondit sèchement le vieux docteur, non sans une certaine admiration secrète. " *Vous vous en remettrez* lorsque vous aurez dû engager un avocat pour percevoir votre modeste salaire pour votre travail édifiant, les guéris n'étant pas assez reconnaissants pour payer le guérisseur. Quand vous aurez parcouru dix milles en plein hiver, à minuit, pour retirer une épingle dans le dos d'un bébé qui hurle, eh bien, vous pouvez changer d'avis !

Et plus loin dans la même histoire, Myrtle Reed nous livre un autre dialogue entre les deux médecins.

« Je me trompe peut-être », remarqua Ralph, « mais j'ai toujours pensé que rien n'est si mauvais qu'il ne puisse être amélioré. »

« La marque infaillible de la jeunesse », répond le vieil homme ; " *tu t'en remettras !* "

Le vieux docteur Dexter a tout à fait raison. Bon ou mauvais, la tendance est de surmonter les choses. Beaucoup d'hommes sont entrés dans leur entreprise ou leur profession avec les idéaux les plus élevés et les plus roses, et la tragédie de leur vie réside dans le fait qu'il s'en est remis.

Oui, il n'y a rien dont nous ne puissions nous remettre. Nos facultés de récupération ne connaissent aucune limite. Aucune de nos maladies n'est incurable. J'ai connu une vieille dame qui pensait vraiment que sa maladie était mortelle. Elle pensait qu'elle ne pourrait jamais s'en remettre. Elle m'a même dit que le médecin l'avait informée que son cas était désespéré. Elle s'allongea sur son oreiller, et ses cheveux neigeux faisaient honte à la blancheur qui l'entourait. « Je ne m'en remettrai jamais, soupira-t-elle, *je ne m'en remettrai jamais !* " Mais elle l'a fait. Nous avons chanté « Rock of Ages » à côté de sa tombe ensoleillée cet après-midi.

V

NOMMER LE BÉBÉ

Les chevaux sauvages ne m'arracheront pas le merveilleux secret qui suggérait mon thème. Il suffit de dire que cela avait à voir avec le nom d'un bébé. Et la nomination d'un bébé est vraiment l'un des événements les plus importants que les étoiles sentinelles observent. Il y a plus là-dedans qu'un observateur superficiel ne le supposerait. Tennyson l'a reconnu à la naissance de son premier fils, celui qui était destiné à devenir le biographe de son distingué père et le gouverneur général de notre Commonwealth australien. Tout en se délectant des fières extases de sa paternité précoce, il recherchait la compagnie de son ami intime, Henry Hallam, l'historien. Un jour, ils se promenaient ensemble dans un magnifique cimetière anglais.

« Quel nom comptez-vous lui donner ? demanda Hallam.

"Eh bien, nous avons pensé à l'appeler Hallam", répondit le poète.

'Oh! ne ferais-tu pas mieux de l'appeler Alfred, comme toi ? suggéra l'historien.

'Toujours!' répondit le barde naïf, *mais que se passerait-il s'il se révélait être un imbécile ?'*

Ah, c'est là le problème. Tout s'est bien passé, comme c'est arrivé. Le garçon n'était pas idiot, comme tout le monde le sait ; mais si vous examinez l'histoire au microscope, vous découvrirez qu'elle est incrustée d'une richesse philosophique dorée. Car le fait est que le nom du bébé fixe devant lui un certain niveau de réussite. Le nom du bébé l'engage dans quelque chose. Les noms, même dans la vie ordinaire de la maison et de la rue, sont infiniment plus que de simples étiquettes attachées à nous à des fins de commodité et d'identification.

En décrivant les expériences marquantes qu'il a traversées pour devenir un homme libre, Booker T. Washington, l'esclave qui s'est frayé un chemin vers la direction politique, nous dit que sa plus grande difficulté résidait dans le choix d'un nom. Les esclaves n'ont pas de nom ; pas de généalogie authentique ; pas d'antécédents familiaux ; pas de traditions ancestrales. Ils n'ont donc rien à se montrer à la hauteur. M. Booker Washington lui-même a inventé son propre nom. « Plus d'une fois, dit-il, j'ai essayé de m'imaginer dans la position d'un garçon ou d'un homme aux ancêtres honorés et distingués. Dans l'état actuel des choses, je n'ai aucune idée de qui était ma grand-mère. Le fait même que le garçon blanc soit conscient que s'il échoue, il déshonorera tout le dossier familial est d'une valeur inestimable pour l'aider à résister aux tentations. Et le fait que l'individu ait derrière lui une fière histoire familiale est un stimulant qui l'aide à surmonter les obstacles dans sa quête du succès. Tout étudiant en biographie sait combien de fois les hommes ont été empêchés de faire le mal, ou inspirés à de nobles réalisations, par l' honneur dans lequel un souvenir précieux les a contraints à porter les noms qu'ils sont autorisés à porter. Tous les écoliers connaissent l'histoire du lâche grec nommé Alexandre. Sa lâcheté paraissait d'autant plus méprisable qu'il portait un nom distingué ; et son commandant, Alexandre le Grand, lui ordonna soit de changer de nom, soit de se montrer courageux.

Je remarque que le peuple américain a récemment été brutalement réveillé et a pris conscience du fait qu'une nation qui peut se vanter d'une splendide galaxie de noms illustres est impliquée, non seulement dans un héritage immense et inestimable, mais aussi dans une lourde responsabilité nationale. Trois citoyens des États-Unis, portant trois des noms les plus illustres de l'histoire américaine, ont récemment figuré avec une notoriété douloureuse devant les tribunaux pénaux de ce pays. « Il n'est pas rare, comme le remarque un important journal américain, qu'un homme qui a acquis du crédit et de la réputation ruine sa propre réputation par un acte de fraude ou de passion. Il est bien plus rare qu'apparaisse le cas de quelqu'un qui souille la réputation d'un père distingué. Mais il est sans précédent que trois noms, portés par les hommes les plus célèbres de nos annales, aient tous été si souillés par leurs fils. Et l'élément pitoyable de l'affaire n'est pas atténué par le fait que ces malheureux ont clairement hérité, avec les noms de leurs pères, d'une partie du génie de leurs pères. Le fait est que le sol américain s'est révélé particulièrement propice au développement de la grandeur. La longueur de la renommée de l'Amérique est totalement disproportionnée par rapport à la brièveté de son histoire. Les époques émouvantes de sa courte carrière ont développé une richesse phénoménale de dirigeants dans tous les arts et métiers de la vie nationale. En matière de sens politique, d'armes, de lettres et de science inventive, elle peut produire un palmarès dont de nombreuses nations, bien plus anciennes, pourraient être pardonnées. Et elle fait donc preuve d'une sollicitude tout à fait naturelle et honorable lorsqu'elle considère avec une sérieuse inquiétude les événements fâcheux qui ont récemment entaché certains de ces beaux noms qu'elle considère si justement comme le trésor brillant et l'héritage précieux qui lui ont été légués par un singulier. passé mouvementé.

'Des noms!' s'exclame le Teufelsdrockh de Carlyle. « Pourrais-je déployer l'influence des noms, j'étais un deuxième plus grand Trismégiste ! Les noms occupent dans la littérature une place qui leur est propre. Depuis Homère, tous les grands écrivains ont reconnu leur valeur magique. Les lecteurs les plus superficiels de l' *Iliade* et de l' *Odyssée* ont dû remarquer avec quelle libéralité chaque page est parsemée de majuscules. Le nom d'un dieu ou d'un héros brille comme un oriflamme dans presque chaque ligne. Et Macaulay, pour expliquer le charme particulier de Milton, dit qu'aucun de ses poèmes n'est plus généralement connu ni plus fréquemment répété que ceux qui ne sont guère plus que des listes de noms. « Ils ne sont pas toujours plus appropriés, dit-il, ni plus mélodieux que d'autres noms. Mais ce sont des noms charmés. Chacune d'elles constitue le premier maillon d'une longue chaîne d'idées associées. Comme la demeure de notre enfance revisitée dans l'humanité, comme le chant de notre pays entendu dans un pays étranger, ces noms produisent sur nous un effet tout à fait indépendant de leur valeur intrinsèque. On nous transporte dans une période lointaine de l'histoire. Un autre nous place parmi les scènes et les mœurs nouvelles d'une région lointaine. Un troisième évoque tous les chers souvenirs classiques de l'enfance : la salle de classe, Virgile écorné, les vacances et le prix. Un quatrième nous présente les splendides fantômes de la romance chevaleresque : les listes de trophées, les logements brodés, les appareils pittoresques, les forêts hantées, les jardins enchantés, les exploits des chevaliers amoureux et les sourires des princesses sauvées.

À vrai dire, je soupçonne plutôt que Macaulay appréciait tant cet art subtil à Milton parce qu'il en maîtrisait lui-même à fond. Il savait quelle magie sommeillait dans cette merveilleuse baguette. Sa propre dextérité à évoquer des noms héroïques est au moins aussi merveilleuse que celle de Milton. Dans son *ouvrage sur la littérature victorienne* , M. GK Chesterton dit que Macaulay ressentait et utilisait des noms comme des trompettes. « La plus grande joie du lecteur est dans la joie même de l'écrivain, dit-il, lorsqu'il peut laisser tomber sa dernière phrase comme un marteau sur des noms retentissants, comme Hildebrand ou Charlemagne, les aigles de Rome ou les colonnes d'Hercule. Comme pour Sir Walter Scott, certaines des meilleures choses dans sa prose et sa poésie sont les noms de famille qu'il n'a pas créés. C'est exactement là que Macaulay est génial. Il est presque homérique. Tout le triomphe repose sur de simples noms. Nous nous sommes tous étonnés de l'ingéniosité étrange dont Bunyan et Dickens ont fait preuve dans la fabrication de noms adaptés à leurs personnages drôles et frappants ; mais nous sommes obligés d'admettre qu'Homère, Milton et Macaulay révèlent une phase encore plus élevée du génie, car ils réussissent à rassembler avec un effet rythmique et dramatique les noms réels que les hommes vivants ont portés, et à tisser ces noms dans des spectacles glorieux d'une extraordinaire impression. et de la splendeur.

Il est très étrange de constater la façon dont l'histoire et la prophétie se rencontrent et se mélangent dans le nom du bébé. Un de mes amis vient de donner à son enfant le nom de John Wesley. Il l'a clairement fait dans le profond espoir que les augustes vertus du grand méthodiste pourront être reproduites et ravivées dans la génération à venir. Il s'agit d'un dispositif ingénieux permettant de transférer les excellences morales d'un passé lointain vers les régions obscures et lointaines d'un avenir à naître. Le phénomène devient parfois positivement pathétique. Je me souviens avoir lu, dans les annales émouvantes de la mission mélanésienne, l'histoire d'un garçon autochtone que l'évêque John Selwyn avait formé à l'île Norfolk. Il venait d'un des peuples les plus barbares des mers du Sud et ne promettait pas particulièrement de bonnes choses. Un jour, Mgr Selwyn eut l'occasion de le réprimander pour son comportement obstiné et réfractaire. Le garçon entra immédiatement en colère et frappa l'évêque d'un coup cruel au visage. C'était un incident inouï, et tous ceux qui l'ont vu étaient consternés. L'évêque ne dit rien, mais il se retourna et s'éloigna tranquillement. La conduite du garçon resta des plus récalcitrantes, et il fut finalement renvoyé dans sa propre île comme incorrigible. Là, il retomba bientôt dans tous les avilissements d'un peuple sauvage et cannibale. Plusieurs années après, un missionnaire de cette île fut appelé en toute hâte pour rendre visite à un malade. Il s'est avéré qu'il s'agissait d'un ancien élève du Dr Selwyn. Il était mourant et désirait le baptême chrétien. Le missionnaire lui a demandé sous quel nom il aimerait être connu. «Appelez-moi John Selwyn», répondit le mourant, «parce qu'il *m'a appris à quoi ressemblait le Christ* le jour où je l'ai frappé.»

Nous avons une merveilleuse manière d'associer certaines qualités à certains noms. Le nom devient parfumé, non pas parce que la rose est parfumée, mais parce que l'argile qui a longtemps appartenu à la rose est parfumée. Je vois que deux journaux européens ont récemment procédé à un vote pour déterminer le prénom le plus populaire pour un garçon et le prénom le plus populaire pour une fille. Et au final, les noms de John et Mary ont désespérément distancé tous les concurrents. Mais pourquoi? Rien dans le nom de Jean ou dans celui de Marie n'explique un tel attachement général. Certains noms, comme Lily, Rose ou Violette, suggèrent de belles images et sont aimés pour cette raison. Mais le nom de Jean et le nom de Marie n'évoquent que le souvenir de certains porteurs. Comment alors en rendre compte ? L'énigme est facile à lire. Il y a bien longtemps, sur une colline verte au loin, se tenait près de la croix de Jésus, sa mère, et du disciple que Jésus aimait. Et lorsque Marie quitta cette scène terrible et tragique, elle la quitta, comme Jésus lui-même désirait qu'elle la quitte, en s'appuyant sur le bras de Jean. Et parce que ces deux-là furent les premiers dans l'amour humain de Jésus, leurs noms occupent depuis lors une place de tendresse particulière dans le cœur de tous les hommes. Comme la mouche contenue dans l'ambre, le souvenir de grandes et remarquables qualités est enfermé et perpétué dans les noms mêmes que nous portons.

J'aime m'attarder sur cette scène mémorable qui s'est déroulée lors de l'enterrement de Longfellow. Une compagnie notable s'est réunie aux funérailles du poète ; et parmi eux, Emerson venait de Concord. Ses pouvoirs brillants et majestueux étaient en ruine. Il resta longtemps, très longtemps, à regarder le visage calme et mort de Longfellow, mais ne dit rien. Finalement, il se détourna tristement et, ce faisant, il dit à ceux qui se tenaient là avec révérence : « Le monsieur que nous enterrons aujourd'hui était une âme douce et belle, *mais j'ai oublié son nom !* " Oui, c'est là toute la beauté de tout cela. Le nom perpétue et célèbre le souvenir de la bonté ; mais le souvenir de la bonté persiste après que le souvenir du nom soit perdu. Je jouirai du parfum des roses sur mon treillis quand je ne pourrai plus me rappeler les noms par lesquels on les distingue.

Mme Booth aimait raconter la belle histoire d'un homme dont la vie sainte lui laissait une empreinte permanente et gracieuse. Il semblait grandir en grâce, en charme et en noblesse au fil des jours qu'il vivait. À la fin, il ne put parler que des gloires de son Sauveur, et son visage rayonnait de crainte et d'affection chaque fois qu'il prononçait ce saint nom. Il se trouva par hasard qu'au moment de mourir, on découvrit un document qui exigeait impérativement sa signature. Il tint la plume un bref instant, écrivit et retomba sur les oreillers, mort. Et sur le papier il avait écrit, non pas son propre nom, mais le Nom qui est au-dessus de tout nom. Au vu des choses à l'intérieur du voile, cela semblait être le seul nom qui comptait.

VI

LA MAÎTRESSE DE LA MARGE

J'adore une marge. Il y a quelque chose de délicieux, de luxueux, de glorieux dans le vaste champ de papier crémeux délimité par la typographie noire d'un côté et les bords dorés de l'autre. Y a-t-il quelque chose de plus abominable qu'un livre imprimé jusqu'aux extrémités de chaque page ? C'est, je l'affirme, un outrage à la nature humaine. En fait, c'est un outrage à la nature elle-même, car elle aime ses marges encore plus que moi. Elle recherche des marges à une échelle vraiment prodigieuse. Elle veut un oiseau, alors une douzaine éclosent. Elle sait parfaitement que onze sur douze ne sont que de la marge. Elle les jettera aux chats, aux renards, aux belettes et aux serpents, et ne gardera que le meilleur du lot. Elle veut un arbre, alors elle en plante une centaine. Elle sait que quatre-vingt-dix-neuf sont des marges destinées à être broutées par le bétail, mais elle compte s'assurer de son bien. « Les œufs de morue, me dit Grant Alien, contiennent près de dix millions d'œufs ; mais si chacun de ces œufs produisait un jeune poisson parvenu à maturité, la mer entière deviendrait immédiatement une masse solide de morues serrées. Mais la nature n'a pas l'intention de transformer son océan bleu vif en une gigantesque boîte de sardines ; elle se donne simplement une marge. Linné dit qu'une mouche peut se multiplier par dix mille en quinze jours. Si cette augmentation se poursuivait pendant les trois mois d'été, dit-il, une mouche au début de l'été produirait cent millions de millions de millions avant la fin des trois mois, et l'air serait noir d'horreur. Il est cependant probable qu'il n'y ait jamais cent millions de millions de millions de mouches dans le monde entier. La nature ne prépare pas une répétition de la peste d'Égypte ; elle satisfait simplement son appétit pour une marge. Comme Tennyson le chante dans « In Memoriam »,

> de cinquante graines, elle n'en apporte
> souvent qu'une.

Je suppose donc que j'ai appris d'elle mon amour des marges. En tout cas, si quelqu'un me trouve extravagant, il faut qu'il se dispute avec elle et non avec moi.

Je pense qu'il y a beaucoup de choses là-dedans. C'est la marge qui fait toute la différence. Si le travail qui doit absolument être accompli occupe chaque instant de mon temps d'éveil, je suis un esclave ; mais si ça laisse une marge d'une seule heure, je suis dans le trèfle. Si mes recettes suffisent à équilibrer mes dépenses, je vis au jour le jour ; mais s'ils me laissent une marge, je fais tinter les quelques pièces de monnaie dans ma poche avec l'orgueil d'un prince. La philosophie de M. Micawber nous revient. « Revenu annuel : vingt livres ; dépenses annuelles : dix-neuf dix-neuf six ; résultat : *le bonheur*. Revenu annuel : vingt livres ; dépense annuelle : vingt livres sterling et six ; résultat : *la misère*. Je crois que l'un des objectifs suprêmes de la vie d'un homme devrait être de s'assurer une marge. La nature le fait et nous devons la copier. Une bonne vie, comme un bon livre, doit avoir une bonne marge. Je déteste les livres dont les pages sont si encombrées qu'on ne peut pas les manipuler sans mettre le pouce sur le type. Et, exactement de la même manière, il y a très peu de choses plus répugnantes que le sentiment qu'un homme n'a pas de temps pour vous. C'est peut-être un excellent livre ; mais s'il n'a pas de marge, je n'en prendrai jamais goût. C'est peut-être un homme des plus excellents ; mais s'il manque de loisir, de repos, d'équilibre, je ne pourrai jamais l'aimer.

Il est difficile d'en rendre compte ; mais le fait est très certainement que les personnes les plus séduisantes au monde sont celles qui vous font sentir qu'elles ne sont jamais pressées. L'homme en qui vous avez le plus confiance est celui qui a un peu de temps à perdre, ou qui vous fait croire qu'il en a. Lorsque ma vie s'embrouille et se tord et que j'ai besoin qu'un ministre m'aide, je serai trop timide pour m'approcher de l'homme qui est toujours troublé. Je sens instinctivement qu'il est bien trop occupé pour moi. Il traverse la vie comme un tourbillon surannée. Si je le rencontre dans la rue, ses pans de manteau volent toujours derrière lui ; ses yeux ont un air traqué ; et un sentiment de hâte fébrile est imprimé sur son visage. Il me rappelle le pauvre John Gilpin, car c'est toujours le coude ou rien avec lui. Il semble constamment consulter sa montre et marmonne toujours quelque chose sur ses prochaines fiançailles. Il accomplit un nombre incroyable de petits boulots au cours d'une journée et son journal sera une merveille pour la postérité. Mais il s'en sortirait bien mieux à long terme s'il cultivait une marge. Il fait sentir aux gens à l'heure actuelle qu'il est trop occupé pour eux. Une pauvre femme, qui a de grands ennuis à propos de son fils, l'a entendu prêcher dimanche dernier et a estimé qu'elle donnerait n'importe quoi pour parler tranquillement avec lui de son chagrin et s'agenouiller avec lui pendant qu'il la félicitait, elle et son garçon rebelle. au trône de la grâce céleste. Mais elle redoute d'être prise dans le tourbillon de son agitation hebdomadaire et reste à l'écart, son chagrin lui rongeant le cœur pendant ce temps. Une jeune fille rétrécie est perplexe au sujet de ses aventures amoureuses et elle est sûre, d'après certaines choses qu'il a dites dans son sermon d'il y a quelques semaines, qu'il pourrait l'aider. Mais elle se souvient que dans son bureau il garde une devise pour lui rappeler que son temps est précieux. Si les mots « Attention au chien ! étaient peints sur la porte de son bureau, ils ne pourraient pas être plus terrifiants. Elle craint qu'avant d'avoir à moitié déroulé la tendre histoire qu'elle n'aime guère raconter, sa main ne soit sur la poignée de porte. La tendance de l'époque est indiscutablement au tourbillon — le tourbillon des affaires ou le tourbillon du plaisir. Je suis vraiment désolé pour ces gens occupés. Leur énergie est prodigieuse. Mais pour autant, ils perdent le meilleur de la vie. William Cowper avait sûrement un secret dans l'âme lorsqu'il nous racontait que, dans sa folle carrière, John Gilpin avait perdu le vin !

" Et maintenant, alors qu'il s'inclinait,
sa tête puante toute basse,
les deux bouteilles derrière son dos
ont été brisées d'un coup.

Le vin coulait sur la route,
le plus pitoyable à voir, qui faisait fumer les flancs de ses chevaux comme ils l'avaient été.

Il est très facile d'aller trop vite. Dans sa *Forêt*, M. Stewart White nous donne quelques leçons de bushmanship. « Tant que vous vous limitez, dit-il, à une certaine lenteur, vous vous débrouillez sans effort extraordinaire ; mais même une légère augmentation de la vitesse traîne violemment vos pieds. Un bon pas vaut six pas trébuchants ; allez seulement assez vite pour assurer ce bon. Un promeneur expert en forêt n'est jamais pressé. Je causais l'autre jour avec le capitaine d'un grand bateau à vapeur. Le navire est capable de naviguer à la vitesse de dix-sept nœuds par heure ; mais j'ai remarqué sur le journal qu'elle ne dépasse jamais quinze. J'ai demandé la raison. 'C'est trop cher!' répondit le capitaine. Et puis il m'a expliqué la différence de consommation de charbon entre une navigation à quinze nœuds et une navigation à dix-sept nœuds par heure. C'était stupéfiant. J'ai tout de suite reconnu sa sagesse à garder la marge. La prochaine fois que je rencontrerai mon frère très occupé, je lui raconterai l'histoire, s'il a le temps de m'écouter. Car, mis à part les dépenses qu'il entraînerait pour faire fonctionner les moteurs à cette haute pression, et mis à part la perte de vin, je suis sûr que les gens qui ont le plus besoin de lui aiment le ministère d'un homme avec une marge. Au moment même où j'écris, les souvenirs des grands médecins et des éminents avocats dont j'ai lu les biographies me reviennent à l'esprit. Comme ces hommes occupés étaient soucieux de donner une certaine impression de légèreté ! Il ne suffira jamais à un médecin de faire irruption chez son pauvre patient fiévreux et de tout mettre en désordre. Et voyez avec quelle sérénité l'avocat écoute l'histoire de son client ! Ces hommes sages ; et je ne dois pas être trop fier d'apprendre d'eux.

Les grandes âmes ont toujours été des âmes tranquilles. Je n'ai pas le droit de permettre que la précipitation, les battements et les larmes de la vie me privent de mon repos. Je dois garder le cœur tranquille. Je dois être jaloux de mes marges. Je dois trouver le temps de gravir les collines, de parcourir les vallées, d'explorer la brousse, de ramer sur la rivière, de me promener sur le sable, de fouiller parmi les rochers et de pêcher dans le ruisseau. Je dois cultiver l'amitié des champs, des fougères et des fleurs. Je dois m'allonger dans mon fauteuil, les pieds sur le pare-chocs, et rire avec mes amis. Et ayez pitié de moi, hommes et anges, si je suis trop occupé pour m'ébattre avec les enfants et leur raconter une histoire s'ils le veulent ! Il y a beaucoup de choses dans la vie d'un homme auxquelles il peut renoncer, tout comme il y a beaucoup de choses dans un livre qui peuvent être sautées, mais la dernière chose à laquelle il faut renoncer doit être la marge.

Maintenant, me levant un instant de mon bureau, juste pour me dégourdir un peu les jambes, je regarde par la fenêtre de mon bureau le monde occupé à l'extérieur. Je vois des hommes faire des affaires, lire les journaux et parler politique. Et vraiment, quand on analyse la chose, cette question de la marge touche à chaque instant ce monde bouillonnant. Pour commencer, la différence essentielle entre la vie ici en Australie et la vie dans l'ancien monde réside principalement dans l'ampleur de la marge. Ici, la vie n'est pas aussi enfermée et exiguë qu'elle devrait nécessairement l'être. Et puis toute la tendance de la législation moderne va dans le sens d'un élargissement de la marge. Tout tend à accroître les loisirs du peuple. La fermeture anticipée a pris tout son sens. Les commerçants lèvent leurs volets assez tôt le soir ; les heures de travail des ouvriers ont été considérablement réduites ; et d'autres manières, les loisirs du peuple ont été considérablement accrus. Or, dans cet élargissement de la marge de la vie se cachent à la fois d'énormes possibilités et d'énormes périls. L'oisiveté d'une communauté entière pendant une partie considérable de ses heures d'éveil peut devenir un énorme atout national ou une menace sérieuse pour le bien-être général. Les gens ont trop tendance à supposer que le caractère est déterminé par les principales activités de la vie. C'est une erreur. C'est, comme je l'ai dit, la marge qui compte vraiment. Il reste à un homme une période de temps une fois que les principales affaires de la vie ont été réglées. C'est l'utilisation de cette marge qui révèle les véritables tendances de l'individu et qui, à long terme, détermine le destin de la nation.

Voici par exemple deux maçons. Ils marchent côte à côte dans la rue pour se rendre à leur travail. Depuis le moment où sonne l'heure de commencer les opérations jusqu'au moment de déposer leurs truelles pour la journée, ils se ressemblent à peu près. L'un peut être un philosophe et l'autre un scélérat ; mais ces traits auront peu de chances de se trahir lorsqu'ils détruisent les briques dans leurs mains et s'acquittent de leurs tâches bien remplies. Les penchants intellectuels des uns et les penchants vicieux de l'autre seront soumis à la plus stricte contrainte alors qu'ils travailleront côte à côte. Les lois inexorables de la concurrence industrielle maintiendront leur travail à un certain niveau d'excellence. Mais dès l'instant où les outils sont jetés, le caractère de chaque homme se révèle. Il est son propre maître. Il est comme un chien déchaîné, et il suivra désormais son penchant sans laisser ni entrave. Et plus l'État restreint les heures de travail et multiplie les heures de loisir, plus il augmente les possibilités du bien dans un cas et les périls du mal dans l'autre. C'est pendant ce loisir prolongé que l'individu s'appliquera à se perfectionner et, en se développant, augmentera la valeur de sa citoyenneté pour l'État ; et c'est pendant cette immunité prolongée contre toute contrainte que l'autre encaissera sa propre détérioration et exercera son influence en faveur de l'appauvrissement général.

C'est précisément la même loi qui s'applique à la dépense d'argent. La manière dont un peuple dépense son argent constitue le test le plus crucial du caractère national. Si un homme dépense son argent judicieusement, il est un homme sage ; s'il dépense son argent bêtement, c'est un homme stupide. Mais ce n'est pas sur les grands axes de dépenses que la révélation se fait. Les principales dépenses sont inévitables et échappent au contrôle de l'individu, quel qu'il soit. Un homme doit manger et se vêtir, qu'il soit cambrioleur ou évêque. Le boucher, le boulanger, l'épicier et le laitier sonneront à chaque porte ; et on ne peut pas discuter de la moralité d'un homme du fait qu'il mange du pain, qu'il aime le bœuf ou qu'il prend du sucre avec sa bouillie. Il existe certaines lignes principales de dépenses sur lesquelles chaque homme, quelles que soient ses caractéristiques et ses particularités, est entraîné sans résistance. Mais après qu'il s'est soumis à cette contrainte sévère et qu'il a payé son boucher, son boulanger, son épicier et son laitier, vient alors l'épreuve. Et la marge ? Y a-t-il une marge ? Car de la marge tout dépend. Nous supposerons qu'après avoir payé ce qu'il mange et ce qu'il porte, il met encore dans sa poche une douzaine de pièces avec lesquelles il peut faire exactement ce qu'il veut. Or c'est dans la dépense de cette marge d'argent — comme, dans l'autre cas, c'était dans la dépense de cette marge de loisir — que l'homme véritable se révélera. C'est l'usage qu'il fait de cette marge qui déclare son véritable caractère et détermine la contribution qu'il, en tant que citoyen individuel, apportera au bonheur ou au malheur national.

Or, si cet élargissement de la marge signifie quelque chose, cela signifie que les responsabilités de l'Église augmentent. Car l'Église est essentiellement la maîtresse des marges. En ce qui concerne la dépense des heures consacrées au travail et l'argent dépensé pour les besoins réels de la vie, l'homme d'État peut avoir quelque chose à dire. La législation peut traiter des heures de travail et du taux de salaire. Cela peut même influencer le montant précis des factures du boucher ou du boulanger. Mais lorsqu'il s'agit des heures qui suivent le labeur et de l'argent qui reste après le paiement des principaux comptes, le législateur se trouve en difficulté. Il est arrivé au bout du rouleau. Il ne peut pas diriger les gens sur la manière de dépenser leur argent disponible. Et, comme nous l'avons vu, c'est précisément ce temps libre et cet argent disponible qui déterminent tout. C'est le facteur dominant et décisif dans toute la situation. Il est donc évident que, aussi importantes que soient les fonctions de l'art politique, les facteurs véritablement fondamentaux de la conduite individuelle et de la vie nationale échappent aux textes les plus approfondis des législateurs les plus vigilants. À mesure que les heures de travail raccourcissent et que la marge d'argent disponible augmente, l'autorité du législateur diminue de plus en plus ; et le besoin d'une force qui façonnerait le ton moral du peuple devient de plus en plus grand. Si l'Église ne peut pas fournir cette force et devenir la maîtresse de la marge, les perspectives ne sont en aucun cas rassurantes. Sur un aspect de cette question marginale, l'Église détient un merveilleux secret. Elle sait qu'il y a des gens qui, sans que ce soit de leur faute, sont sans marge. Ils n'ont ni un instant ni un centime à perdre. La maladie, les ennuis et la guerre mondiale ont été trop durs pour eux. Ils sont au pied du mur ; et ils le savent. Mais l'affaire ne s'arrête pas là. Je me souviens d'être entré une fois dans une petite demeure miteuse des bidonvilles de Londres. Dans la pièce sordide, une jeune fille infirme était assise en train de coudre et, tout en cousant, elle chantait :

Mon Père est riche en maisons et en terres,
Il tient entre ses mains les richesses du monde ! Ses coffres sont remplis de rubis et de diamants, d'argent et d'or ; il possède des richesses incalculables. Je suis l'enfant d'un roi ! l'enfant d'un roi ! Avec Jésus mon Sauveur, je suis l'enfant d'un Roi !

Qu'est-ce que cela signifiait sinon qu'elle avait découvert que sa vie étroite et étroite avait après tout une grande marge blanche ? Dans un discours récent à Glasgow, M. Lloyd George a raconté une belle histoire d'un vieux pasteur gallois pittoresque qui dirigeait les funérailles d'un pauvre vieil homme, membre de son église, qui, sans que ce soit de sa faute, avait eu un très mauvais moment. Ils parvenaient à peine à trouver une place dans le cimetière pour son tombeau. Finalement, ils eurent assez pour construire une tombe sans briques au milieu des monuments imposants qui la pressaient, et le vieux ministre, debout au-dessus, dit : « Eh bien, Davie, vach, vous avez eu une période étroite tout au long de votre vie, et vous avez un place très étroite dans la mort ; mais peu importe, vieil ami, je vois le jour se lever pour vous où vous vous lèverez de votre lit étroit et trouverez enfin suffisamment de place. Ah ! s'écria-t-il dans un éclat d'éloquence naturelle, je le vois venir ! Je peux voir le jour de la résurrection ! Je peux voir l'aube de l'immortalité ! Il y aura de la place, de la place, de la place, même pour les pauvres ! La lumière de ce matin dore déjà les sommets ! Que voulait-il dire, ce vieux ministre gallois, alors qu'il se protégeait les yeux avec ses mains et regardait vers l'Est ? Il montrait du doigt la typographie noire et encombrée de la vie vers la marge blanche et spacieuse – la marge avec le bord doré – c'était tout.

VII

LIS

Un jour, on m'a conseillé d'écrire un roman. J'ai repéré la suggestion à l'époque ; Je le surveille encore. Si vous écrivez un roman, vous courez un grand risque. Un de ces jours, quelqu'un le lira peut-être – on ne sait jamais quelles choses étranges les gens peuvent faire de nos jours. Et si quelqu'un le lit, votre secret sera dévoilé et le manque de votre imagination sera gravement exposé. Non, je n'écrirai pas de roman, même si cet article aura la nature d'un roman. Car j'ai trouvé une héroïne, et bien des romanciers accomplis, ayant trouvé une héroïne, considéreraient qu'ils sont tombés sur un roman tout fait. Mon héroïne est Lily ; et Lily – pour annoncer la nouvelle avec douceur – était un cochon. Je dis *à* dessein, car Lily est morte, et c'est là que réside le pathétique de mon histoire. Et ainsi j'ai mon héroïne, et j'ai mon histoire, et j'ai ma forte infusion de sentiments à portée de main ; et vraiment, je me sens à moitié enclin à écrire mon roman après tout. Mais laissez-moi exposer les faits – dont je suis prêt à me porter garant – et il sera alors temps de voir si nous pouvons les intégrer dans un grand roman classique.

Au sommet d'une colline, dans un district rural de Tasmanie, se dresse une petite maison pittoresque. Au bas des pentes et au loin, le long des vallées lointaines, se trouvent de grandes ceintures de brousse vierge. Mais ici, sur la colline, se trouve notre petit cottage pittoresque, et dans ou à proximité du cottage, vous trouverez un petit couple pittoresque. Ils ne seront peut-être pas en mesure de discuter des derniers aspects de la question des Balkans, de la crise irlandaise ou de l'embroglio mexicain ; mais ils peuvent discuter de questions beaucoup plus anciennes et qui risquent de durer beaucoup plus longtemps. Car ils peuvent discuter des volailles, des moutons et des cochons ; et, comptez-en bien, on a discuté des volailles, des moutons et des porcs bien avant que l'on rêve de la question balkanique, et on discutera des volailles, des moutons et des porcs longtemps après que la question balkanique soit oubliée. Ainsi, le vieux couple vous fait honte de votre superficialité minaudière ; vous êtes étonné d'avoir pu devenir si enthousiasmé par les choses d'un moment donné ; et vous rougirez de votre propre ignorance des choses qui étaient, sont et seront. Oui, Jean et Marie peuvent discuter des volailles, car ils en ont une douzaine, et ils appellent chaque oiseau par son nom. Tandis que la pauvre Mary tournait un instant le dos, le coq s'envola vers la table.

« Vraiment, Tom, vilain garçon ! » s'écria-t-elle en découvrant l'outrage. 'J'ai honte de toi!' Et pour impressionner toute la communauté à plumes par l'énormité de l'offense, elle les a tous chassés de la cuisine.

— Vas-y, Lucie, cria-t-elle avec une note de tristesse se trahissant dans sa voix malgré sa sévérité supposée. « Vas-y, Lucie », et elle battit son tablier pour montrer qu'elle le pensait, tout comme une armée qui avance agite son drapeau avec défi. 'Continue; et toi aussi, Minnie ; et Nellie, et Kate, et Nancie ; vous devez tous y aller ! C'était une chose épouvantable à faire ; Je ne sais pas à quoi tu pensais, Tom ! J'ai dit que Jean et Marie pouvaient discuter des moutons ; mais leur troupeau était très limité, car il était entièrement composé de Birdie, l'agneau de compagnie. Je ne peux pas dire – probablement à cause d'un défaut de mon imagination – pourquoi ils l'appelaient « Birdie », ni, d'ailleurs, pourquoi ils l'appelaient un agneau. Je peux imaginer qu'il aurait pu être un agneau autrefois ; mais de plumes, je n'ai pu découvrir aucune trace. Oui, après tout, ce sont là des détails prosaïques, qui ne font que montrer combien je devrais me montrer incompétent en romancier. Je rampe quand je devrais m'envoler. John et Mary aimaient beaucoup Birdie, et Birdie les aimait beaucoup. Il arriva au trot lorsqu'on l'appela, remuant sa longue queue comme pour prouver qu'il était encore un agneau. Ce n'était guère un triomphe de la logique de la part de Birdie, et pourtant c'était à peu près aussi bon que les subterfuges artistiques par lesquels beaucoup d'entre nous tentent de convaincre le monde et sa femme que nous sommes encore dans le stade charmant de la simplicité de l'agneau. Et puis il y avait Lily.

Le vieux couple aimait beaucoup Lily. Avec quel soin ils faisaient son lit pendant les nuits froides ! Avec quelle attention ils l'ont nourrie de pommes de terre bouillies, de lait écrémé et d'autres délices merveilleux ! Elle aussi arrivait en titubant chaque fois qu'elle entendait son nom et, avec un grognement, reconnaissait leur générosité. « Chère vieille Lily », s'exclama la pauvre Mary avec ferveur, tandis que Lily levait son museau pour se faire frotter et regardait avec d'étranges yeux cochons dans ceux de sa maîtresse adorée.

Oui, Lily était un cochon, mais elle n'en était pas plus mal ; et si quelqu'un de ridicule s'oppose à ce que je prenne un cochon pour héroïne, je m'en offusquerai et n'écrirai plus de romans. Lily, je le répète, n'était pas pire d'être un cochon. Et je suis sûr que John et Mary n'en étaient pas plus mal à l'aimer. Il est toujours prudent d'aimer, car si vous aimez ce qui ne peut profiter de votre amour, votre amour vous revient, comme la colombe de Noé, et vous-même n'en êtes pas plus pauvre. Mais je ne suis pas du tout sûr que l'affection ait été gaspillée envers Lily. Pourquoi devrait-il en être ainsi ? Il n'y a aucune honte à naître cochon. Cela ne montrait même pas de mauvais goût de la part de Lily, car on ne lui avait pas demandé. Elle est venue; et découvrit, à son arrivée, qu'elle était ce que les hommes appelaient un cochon ; et en tant que cochon, elle remplit si bien son rôle que ceux qui la connaissaient l'aimèrent beaucoup. Que peuvent faire de plus les meilleurs d'entre nous ? Et après tout, pourquoi cette répugnance ? Pourquoi cette répulsion de sentiment lorsque j'annonce que mon héroïne est un cochon ? J'affirme que c'est une espèce de snobisme, une espèce de snobisme très méprisable. Booker Washington avait l'habitude de déclarer qu'un verrat Berkshire de haute qualité, ou une truie Pologne-Chine, est l'un des plus beaux spectacles de la planète. Et l'un de nos propres philosophes s'est lancé dans des rhapsodies à propos du cochon. « Les porcs, dit-il, me semblent toujours comme une race déchue qui a connu des jours meilleurs. Ce sont des créatures capables, intellectuelles et curieuses. Lorsqu'ils sont chassés d'un endroit à l'autre, ils ne sont ni doux ni soumis, comme les vaches et les moutons, qui suivent la ligne de moindre résistance. Le cochon est méfiant et prudent ; il est sûr qu'un complot inconfortable est en cours, pas entièrement pour son bien, et qu'il doit essayer de contrecarrer s'il le peut. Et puis, il ne semble jamais tout à fait à l'aise dans son environnement déplorablement sale ; il vous regarde avec de la limon jusqu'aux genoux, avec ses petits yeux, comme s'il vivrait plus proprement s'il lui était permis. Les cochons me rappellent toujours les marins d'Homère, transformés par Circé ; il y a une humanité épouvantable en eux, comme s'ils essayaient de supporter philosophiquement leurs conditions de base, en attendant leur libération. Je supplie mon critique de prendre tout cela à cœur avant de me juger trop sévèrement pour avoir choisi Lily comme héroïne.

Je suppose que la vérité est que, si seulement on pouvait faire confiance à mes critiques hautains pour dire toute la vérité, Lily n'est pas assez belle pour eux. Mais là encore, c'est une question de goût. La beauté est relative et non absolue. Mes critiques peuvent eux-mêmes être en faute. Le vrai problème n'est peut-être pas le manque de beauté de Lily, mais un triste manque d'appréciation d'eux-mêmes. Je remarque que la truie championne du Yorkshire au Sydney Show cette année était la « Reine de beauté » de M. E. Jenkins ; et tandis que je regardais sa photo et notais son nom séduisant, je pensais une fois de plus à Lily et je riais sous mes yeux de mes critiques. Une fois, j'ai passé une semaine avec un vieux gentleman du Lincolnshire à Kirwee, en Nouvelle-Zélande ; et presque avant que j'eusse pu préparer le repas qui m'attendait, il me pria de venir voir les cochons. Et dès le premier animal que nous rencontrâmes, mon heureux hôte se frotta les mains avec une extase de fierté, tandis que ses yeux brillaient assez. "Mais ce n'est pas une beauté ?" m'a-t-il demandé avec enthousiasme. Et j'ai répondu avec assurance qu'il l'était. Je pouvais voir d'un seul coup d'œil que le cochon était une beauté *pour lui* ; et s'il était une beauté pour lui, il *était* une beauté, et il n'y avait plus rien à dire. Je me souviens avoir lu l'histoire de deux ministres qui se sont rencontrés sous le toit hospitalier d'une ferme anglaise à l'ancienne. L'un d'eux s'approcha à peine de la table qu'il poussa une exclamation de joie. Prenant une des tasses, il parla de la merveilleuse beauté de la porcelaine. Il a exposé les assiettes à la lumière et a demandé aux autres de voir à quel point elles étaient maigres, et s'est extasié devant la merveilleuse vieille porcelaine qui se trouvait dans la ferme depuis de nombreuses générations. L'autre ne s'intéressait guère à son discours et ne pouvait s'enthousiasmer pour la porcelaine ; mais lorsque le fermier sortit de son armoire quelques vieux livres, dont un commentaire en lettres noires, il s'excita. Il tournait les pages avec amour, montrait les initiales pittoresques et devenait éloquent sur leur beauté. Le fermier trouvait les deux hommes idiots. Ni la porcelaine ni les livres ne lui semblaient précieux. « Quelle somme d'absurdités vous dites sûrement », dit-il. « Maintenant, si vous voulez voir quelque chose qui vaut la peine d'être vu, venez avec moi, et je vous montrerai la plus belle portée de porcs du pays. »

Je sais bien sûr que, battus sur tous les autres points, mes critiques prendront position sur des bases diététiques. "Comment peux-tu avoir un cochon pour ton héroïne ?" » demanderont-ils, le nez retroussé de dégoût. "Voyez ce qu'un cochon *mange* !" Or, j'avoue que cette objection m'a paru sérieuse jusqu'à ce que j'entre dans la question avec un peu plus de soin. Avant d'abandonner la pauvre Lily et de la livrer à une obscurité éternelle, il me semblait que je lui devais, par pure galanterie, d'enquêter sur cette accusation. Un auteur n'a pas plus le droit que tout autre homme de jouer avec les affections féminines ; et m'étant engagé envers Lily comme mon héroïne, je n'osais commettre une rupture de promesse, sauf pour les motifs les plus graves. Je me suis donc plongé dans cette affaire du régime alimentaire de Lily, avec des résultats qui m'ont surpris. Je trouve que Lily est la plus exigeante des mangeuses. Des expériences faites en Suède montrent que, sur 575 plantes, la chèvre en mange 449 et en refuse 126 ; le mouton, sur 528 plantes, en mange 387 et en refuse 141 ; la vache, sur 494 plantes, en mange 276 et en refuse 218 ; le cheval, sur 474 plantes, en mange 262 et en refuse 212 ; tandis que le cochon, sur 243 plantes, en mange 72 et en refuse 171. De toutes ces épreuves enflammées, mon héroïne sort donc triomphante, et ses critiques font mauvaise figure. C'est le sort mélancolique de tous ceux qui s'obstinent à juger sur les apparences. C'est la plus vieille erreur du monde, et c'est certainement la plus triste. Beaucoup, comme Lily, ont été jugés à la hâte et faussement, et, comme dans le cas de Lily, la mauvaise pensée s'est accrochée à eux comme s'il s'agissait d'une accusation établie, et sous ce nuage sombre, ils ont vécu des vies sombres et aigries. La moitié du pathos de l'univers réside justement là.

Une chose me procure un plaisir illimité. Si je prends Lily pour héroïne après tout, je suivrai un noble précédent : Michael Fairless, dans *The Roadmender* , a fait quelque chose de très similaire. « Au début du printemps, dit-elle, j'ai fait une longue promenade. Vers l'après-midi, fatigué et assoiffé, j'ai cherché de l'eau dans une petite maison isolée. Les abeilles travaillaient et chantaient sur le thym et la marjolaine du jardin ; et dans une étable familiale vivait un cochon noir solennel, un cochon avec une histoire. Ce n'était pas un cochon utilitaire ordinaire, mais l'hôte d'honneur du vieux couple qui vivait là ; et le cochon le savait. Un an auparavant, leur plus jeune et unique enfant survivant, alors âgé de vingt-cinq ans, avait apporté à sa mère le résultat de ses économies sous la forme d'un beau jeune cochon. Une semaine plus tard, il mourut de la typhoïde. Par conséquent, le cochon était sacré, soigné et aimé par Darby et Joan.

« « Je suis le plus comme un enfant pour moi et la mère, et « plus » aussi sensé qu'un chrétien, « », a déclaré le vieil homme. »

Quel monde d'illusion, bien sûr ! Il faut de bons yeux pour voir à travers ses supercheries pleines de bonne humeur. Vous voyez un cochon tourner d'un côté à l'autre alors qu'il erre sans but dans la cour, et vous ne rêvez jamais de romance. Et pourtant ce cochon n'est autre que Lily ! Vous voyez un autre cochon dans une porcherie banale, et vous ne rêvez jamais de pathos ; mais la vieille Jeanne essuie une larme de ses yeux avec son tablier quand elle se souvient comment ce cochon est entré en sa possession. Il y a un monde de poésie dans les porcheries. Oui, et un pathétique aussi, du genre. Car, comme je l'ai dit, Lily est morte. C'était comme ça.

Jean et Marie ne sont pas riches ; et un cochon est un cochon.

« Et Lily, Mary ? John a demandé maladroitement un jour. « Vous voyez, Mary, elle doit mourir. Si nous la gardons, elle mourra. Et si nous la vendons, elle mourra. Si nous la gardons, Mary, elle peut mourir d'une maladie, et nous la verrons souffrir. Si nous la vendons, elle mourra subitement et ne ressentira aucune douleur. Et puis, Mary, continua-t-il lentement, comme s'il avait peur d'introduire un aspect aussi prosaïque d'un thème aussi pathétique, et puis, Mary, si elle meurt ici, regarde la perte, car Lily est un cochon, tu sais ! Et si on la vend, regardez le gain ! Et avec une partie de l'argent, nous pouvons acquérir un autre animal de compagnie et l'aimer tout autant.

Il y a eu des protestations et des larmes, mais Lily est allée au marché.

Quelque temps après, John revint de la ville avec un colis. « Mary, » dit-il avec hésitation, « je t'ai un peu ramené à la maison, o Lily ! Je pensais que j'aimerais voir comment elle mangerait.

Le lendemain matin, au petit-déjeuner, aucun d'eux ne mangea de bon cœur, mais ils goûtèrent tous les deux. Il existe des aliments trop sacrés pour un appétit excessif.

"Ah, eh bien," dit enfin John, "ceux qui mangent Lily ne diront que du bien d'elle, c'est *un* réconfort."

Et Mary s'en alla silencieusement pour voir si elle pouvait en trouver *un autre*
.